空間認知能力を中心とした『考える力』を育てる保育ワーク
～発達を促す、インクルーシブ保育教材～

トート・ガーボル　編著
竹井　史／尾崎康子

　本書は幼児期における手先の不器用さのための基礎トレーニング（『手先の器用さを育てる保育ワーク』ひかりのくに刊）の姉妹編としてのワークブックです。このワークブックで使われる『不器用さ』とは、手先の不器用さだけでなく、自分の体の理解や運動などの発達の遅れ、目と手をお互い上手に使えない、集中力が続かないなどの様々な問題を指しています。

　本書は、手先を使う描画トレーニングをさらに進め、物の方向性や大小などを取り入れたより細かい動きを行うことにより、考える力を育てるワークブックです。目からの情報で手先を動かすこと(Eye-Hand Coordination／目と手の協応)と物の方向性や大小などを把握し認識する空間認知能力は、読み・書き・計算などの基礎学習力では必要不可欠な要素です。これらの不器用さは発達が気になる幼児・児童（いわゆる気になる子）にも見られます。特に、空間認知能力は物の位置・方向・姿勢・大きさ・形状・間隔など、物が3次元空間に占めている状態や関係を、素早く正確に把握・認識する能力で、将来を予想したり物を組み立てたり作ったりする能力や、自分の位置や他者との関係を表現する言葉をつなぐ能力など、考える力の発達に重要な役割を果たします。このワークブックは、これらの目と手の協応や空間認知能力を育てることにより、基礎学習力に必要な能力に加え、考える力をより発達させることを目的としています。子どもたちが本書の描画トレーニングなどを楽しみ、それが子どもたちの育ちの一助となることを望みます。

トート・ガーボル

ひかりのくに

プロローグ

保育の中で気になる子だけでなく、全ての子どもたちへの支援を…不器用さを感じる子どもが多い。そして、生活していくのに必要な、様々な能力（考える力）をもっと伸ばしてあげたいという保育者の声。そこで本書は、特に「就学に向けての学習能力に必要な発達を促す」ための子どもの発達トレーニングとして開発されたお絵描きを中心とするワークブックです。

（P.2〜5の文中、赤い下線部は特に大切な所です）

幼児期後半（3〜6歳）の様々な能力を伸ばす支援が必要…「考える力」とは？

　多くの子どもに共通して見られる発達段階ごとの特徴があります。それぞれの発達段階での特徴を踏まえた成長を達成することで、子どもの継続性ある望ましい発達がもたらされます。各段階における望ましい発達がなされなかった場合、その後の発達に遅れや支障が生じる可能性があります。子どもの成長は発達における特性や行動・性格の個人差により若干の違いがありますが、幼児期に運動能力を含む身体力や、空間認知能力・コミュニケーション能力などを含む「考える力」を高めることは、児童期以降の学習機能の基礎を形成する上でとても重要です。

「考える力」を身に付ける援助

　「考える力」は「身体力」と同じで、身に付けるには、楽しくトレーニングすることが必要です。本書の課題を始めるにあたり、「考える力」を促す支援のために是非以下のことを行ってみてください(好きな遊びの時間を中心に、やりたい子どもが多いときは一斉に…)。

- 始まる前の声掛けや楽しめる空間づくりをしましょう。
- できる所から始めましょう。
- 赤色で○をしたり、直したりしないでください。
- よくできた所は緑色で○を付けましょう。(緑色の○は子どものやる気と興味を引き出します。)
- 間違いをやり直させないでください。
- できた所を褒めましょう。
- 「遊び」をする気持ちで、考える力の基礎づくりをしましょう。

このワークで手先の不器用さを改善し空間認知能力を中心とした「考える力」が育っていくための援助を!!

　本書は、手先の細かい動きを取り入れた課題を行いつつ、下表のような「考える力」の元になるテーマについてトレーニングしていけるようになっています。

　各レッスンとも、「1＝具体的な生き物」→「2＝具体的な物」→「3＝抽象的な形」という構成にしていますので、楽しくお絵描きトレーニングに取り組むうちに、知らず知らずに不器用さを改善し認知能力などの「考える力」が育っていくようになっています。

このワークブックの主な課題グループ

テーマ	1	2	3
大きさの比較	大きい・小さい(生き物)	大きい・小さい(物)	大きい・小さい(形)平面(形)立体(形)
反対語の意味(大・小など)	何が違うかな〜(生き物)	何が違うかな〜(物)	何が違うかな〜(人間)(形)
上下の方向性	上・下(生き物)	上・下(物)	上・下(形)
上・中央・下	上・真ん中・下(生き物)	上・真ん中・下(物)	上・真ん中・下(形)
前・中央・後	前・中央・後ろ(生き物)	前・中央・後ろ(物)	前・中央・後ろ(形)
右・左方向	右・左(生き物)	右・左(物)	右・左(形)
様々な方向	様々な方向(生き物)	様々な方向(物)	様々な方向(形)
自分と周りとの空間の区別	空間(生き物)	空間(室内：物)	空間(形)積み木課題(初級・中級・上級)
平面から立体的空間の世界への想像	平面の絵から立体の積み木遊び(初級)	平面の絵から立体の積み木遊び(中級)	平面の絵から立体の積み木遊び(上級)
移動方向と逆方向	動く方向(生き物)左から右・右から左方向	動く方向(生き物)上から下・下から上方向	動く方向(生き物)左から右・右から左方向と上から下・下から上方向
形、色、大きさなど	視覚の認知機能課題(丸い形)	視覚の認知機能課題(四角い形)	視覚の認知機能課題(三角形)
視覚記憶力	同じ形などと順番(初級)	同じ形などと順番(中級)	同じ形などと順番(上級)
身体の概念	身体図式(身体部分の理解)	身体図式(体と服の理解)	身体図式(頭・顔の理解)

空間認知能力と視空間認知機能（見る力）を伸ばしましょう

　空間認知能力を発達させるためには、幼児期から空間を意識させることが必要です。日本の家庭生活や保育・幼児教育の中では平面と接している時間が多いため、計画的に子どもが立体や空間を学ぶことを意識して支援することが必要です。空間認知能力の発達支援は、3〜6歳の間に行うと一番効果的と言われています。空間認知能力の発達にとって、感覚認知や方向感覚の発達も強い影響があります。

　一般に、空間認知能力に関する要素には次の四つの次元があります。0次元は「点」、1次元は「線」、2次元は「平面」、3次元は「空間」と考えてください。空間認知能力とは、つまり2次元と3次元における物の位置と関係を把握する能力です。3〜6歳児の段階では、平面と空間における「上下」「前後」「真ん中」「中央」「左右」といった空間認知課題を考えるよう促すことが必要です。子どもは、空間認知能力があることで、図面や地図から実際の物・地形・建物を理解することや様々な遊び・スポーツなどを行うことができるようになります。さらにこれらの空間認知能力は他者を認識することやコミュニケーション能力の発達につながります。つまり子どもの「考える力」を促すのです。

　空間認知能力が発達しないとどのような問題が起こるのでしょうか。物を立体として理解することができず平面として考えてしまうことにより、向き・高さ・奥行きなどを把握するのが難しくなり、不得意な行動（立体を把握できない、つまずく、転ぶ、物やほかの人にぶつかる、迷子になるなど）が増えてしまいます。特に、気になる子どもや発達障害のある子どもの場合は、衝動的に動き出してしまう、身体の感覚や動作が鈍い、物などにぶつかってしまうことが多くなります。日常の中で、自分の進むべき方向や来た方向が分からないと、いわゆる「方向音痴」になります。また、左右・上下・真ん中・間・前・後ろなどの方向を理解できないことが、正しく文字が書けない、漢字の偏・部首の位置や向きを間違えてしまう、などの学習障害につながる可能性があります。

視空間認知能力（見る力）とは、空間を見て何がどのような状態になっているかを知ったり、平面の地図や絵を見て立体的にイメージしたりする能力です。平面として受け取った情報を、頭の中で実際の距離感や大きさを考えながら立体にするということは創造力を発達させます。例えば文章を読んで情景や心情を想像したり、算数の文章問題を読んで頭の中に映像を作り出したりすることにより理解を促します。これは学習面全てにわたり理解と新たな発見につながる非常に重要な能力です。本書ではこれらのレッスンとして主に以下の課題に取り組みます。

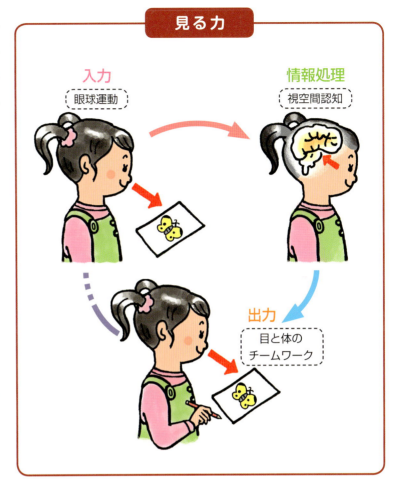

- 対象と背景を区別する。
- 大きさ・形・色を認識する。
- 「右・左」「前・後ろ」「大きい・小さい」「長い・短い」「太い・細い」「高い・低い」などの関係を意識させ、単純な図形や絵を選択し、塗ったり描いたりする。
- 大きさ・方向に左右されず、同じ形を「同じ種類」と分類する。
- 平面においての位置関係を理解し、さらに平面に描かれた立体図形を空間として意識する。
- 物と物（あるいは自分と物）の位置関係を把握する。

本書で、楽しくトレーニング!!

　子どもたちに真に必要な能力を伸ばすための教材として考えられたのが、本書です。子どもたちと一緒に楽しんでください。

空間認知能力を中心とした『考える力』を育てる保育ワーク
～発達を促す、インクルーシブ保育教材～

もくじ

はじめに……………………………………………… 1
プロローグ…………………………………………… 2
　幼児期後半（3～6歳）の様々な能力を伸ばす
　支援が必要…「考える力」とは?…………………… 2
　「考える力」を身に付ける援助……………………… 3
　空間認知能力と視空間認知機能（見る力）を
　伸ばしましょう……………………………………… 4

このワークブックの使い方…………………………… 8
手の体操　レッスン（ワーク）前のルーチンとして…… 9
始める前に、必ず読んでください…………………… 9
手遊び『はじまるよ　はじまるよ』………………… 11

解説　レッスン1
上方向・下方向 について ……………… 12
① うえ・した（生き物）……………………………… 13
② うえ・した（生き物）……………………………… 14
③ うえ・した（物）…………………………………… 15
④ うえ・した（物）…………………………………… 16
⑤ うえ・した（閉じられた形）……………………… 17
⑥ うえ・した（開いた形）…………………………… 18

解説　レッスン2
上・真ん中・下 について ……………… 19
⑦Ⓐ うえ・した（生き物）…………………………… 20
⑦Ⓑ うえ・まんなか・した（生き物）……………… 21
⑦Ⓒ うえ・まんなか・した（生き物）……………… 22
⑧ うえ・まんなか・した（物）……………………… 23
⑨ うえ・まんなか・した（形）……………………… 24

解説　レッスン3
前・真ん中・後ろ について ……………… 25
⑩Ⓐ まえ・まんなか・うしろ（生き物）…………… 26
⑩Ⓑ まえ・まんなか・うしろ（生き物）…………… 27
⑪ まえ・まんなか・うしろ（物）…………………… 28
⑫ まえ・まんなか・うしろ（物）…………………… 29
⑬ まえ・まんなか・うしろ（形）…………………… 30

解説　レッスン4
右・左 について ……………………………… 31
⑭ みぎ・ひだり（生き物）…………………………… 32
⑮ みぎ・ひだり（生き物）…………………………… 33
⑯Ⓐ みぎ・ひだり（物）……………………………… 34
⑯Ⓑ みぎ・ひだり（物）……………………………… 35
⑰Ⓐ みぎ・ひだり（物）……………………………… 36
⑰Ⓑ みぎ・ひだり（物）……………………………… 37
⑱Ⓐ みぎ・ひだり（物）……………………………… 38
⑱Ⓑ みぎ・ひだり（物）……………………………… 39
⑲Ⓐ みぎ・ひだり（物）……………………………… 40
⑲Ⓑ みぎ・ひだり（物）……………………………… 41
⑳ みぎ・ひだり（物）………………………………… 42
㉑ みぎ・ひだり（物）………………………………… 43
㉒Ⓐ みぎ・ひだり（形）……………………………… 44
㉒Ⓑ みぎ・ひだり（形）……………………………… 45
㉓Ⓐ みぎ・ひだり（形）……………………………… 46
㉓Ⓑ みぎ・ひだり（形）……………………………… 47
㉔ みぎ・ひだり（形）………………………………… 48

解説　レッスン5
様々な方向 について ……………………… 49
㉕ いろいろな　ほうこう（カニ）…………………… 50
㉖ いろいろな　ほうこう（足跡）…………………… 51
㉗ いろいろな　ほうこう（サンダル）……………… 52
㉘ いろいろな　ほうこう（ロケット）……………… 53
㉙ いろいろな　ほうこう（煙突のある家）………… 54
㉚ いろいろな　ほうこう（クマと蜂蜜ポット）…… 55
㉛ いろいろな　ほうこう（形）……………………… 56
㉜ いろいろな　ほうこう（形）……………………… 57

解説 レッスン6
空間認知 について ……………………… 58

- ㉝ じぶんと くらべての くうかん(生き物)…… 59
- ㉞ じぶんと くらべての くうかん(室内・物)… 60

解説 レッスン7
平面(2次元)から立体(3次元)の世界へ について … 61

- ㉟ つみき あそび(初級)……………………… 62
- ㊱ つみき あそび(初級)……………………… 63
- ㊲ つみき あそび(中級)……………………… 64
- ㊳ つみき あそび(上級)……………………… 65
- ㊴ つみき あそび(初級)……………………… 66
- ㊵Ⓐ つみき あそび(中級)……………………… 67
- ㊵Ⓑ つみき あそび(中級)……………………… 68
- ㊶ つみき あそび(上級)……………………… 69
- ㊷ つみき あそび(上級)……………………… 70

解説 レッスン8
移動方向 について ……………………… 71

- ㊸ うごく ほうこう(1)………………………… 72
- ㊹ うごく ほうこう(2)………………………… 73
- ㊺ うごく ほうこう(3)………………………… 74
- ㊻ うごく ほうこう(4)………………………… 75

解説 レッスン9
視覚の認知 について ……………………… 76

- ㊼ まるの かたちを さがそう(1)…………… 77
- ㊽ まるの かたちを さがそう(2)…………… 78
- ㊾ まるや しかくの かたちを さがそう… 79
- ㊿ しかくの かたちを さがそう(1)………… 80
- 51 しかくの かたちを さがそう(2)………… 81
- 52 しかくや まるの かたちを さがそう… 82
- 53 さんかくの かたちを さがそう(1)……… 83
- 54 さんかくの かたちを さがそう(2)……… 84
- 55 さんかくの かたちを さがそう(3)……… 85
- 56 いろいろな かたちを さがそう(1)……… 86
- 57 いろいろな かたちを さがそう(2)……… 87
- 58 おなじ かたちを さがそう(1)…………… 88
- 59Ⓐ おなじ かたちを さがそう(2)…………… 89
- 59Ⓑ おなじ かたちを さがそう(3)…………… 90
- 60 おなじ かたちを さがそう(4)…………… 91
- 61 おなじ かたちを さがそう(5)…………… 92

解説 レッスン10
視覚記憶力 について ……………………… 93

- 62Ⓐ おなじ かたちと じゅんばん(1)………… 94
- 62Ⓑ おなじ かたちと じゅんばん(2)………… 95
- 63 おなじ かたちと じゅんばん(3)………… 96
- 64 おなじ かたちと じゅんばん(4)………… 97
- 65Ⓐ おなじ かたちと じゅんばん(5)………… 98
- 65Ⓑ おなじ かたちと じゅんばん(6)………… 99
- 66 おなじ かたちと じゅんばん(7)………… 100
- 67 つづきは なにかな………………………… 101
- 68Ⓐ おなじ なかまを かこう(1)……………… 102
- 68Ⓑ おなじ なかまを かこう(2)……………… 103

解説 レッスン11
身体図式 について ……………………… 104

- 69Ⓐ からだの ぶぶんの なまえ(1)…………… 105
- 69Ⓑ からだの ぶぶんの なまえ(2)…………… 106
- 70Ⓐ おとこのこの きがえ……………………… 107
- 70Ⓑ おんなのこの きがえ……………………… 108
- 71 からだの ぶぶんを かこう……………… 109
- 72Ⓐ かおの ぶぶんを かこう(1)……………… 110
- 72Ⓑ かおの ぶぶんを かこう(2)……………… 111
- 73Ⓐ みぎて ひだりて(1)……………………… 112
- 73Ⓑ みぎて ひだりて(2)……………………… 113
- 74Ⓐ みぎて ひだりて(3)……………………… 114
- 74Ⓑ みぎあし ひだりあし…………………… 115
- 74Ⓒ みぎて ひだりて みぎあし ひだりあし… 116

このワークブックの使い方

　本書は、子どもの発達に基づいて作成されています。描画課題は主に生き物・物・形の順に、具体的な物から抽象的なものの順で並べられています。これらの描画課題を進めていくうちに、だんだん空間認知能力を含む「考える力」が身に付いていきます。各レッスンの一番はじめに解説としてねらいなどを掲載しましたので、必ず目を通してから行うようにしてください。

活動について

　各課題には「塗る」「なぞる」「囲む」などの指示がありますが、塗り絵をする場合も、子どもの発達や興味によって、枠の上に印を付けるように塗る（マーキング）から、枠の中をきれいに塗る活動など様々ですので、きちんと塗るということを目的にするのではなく、塗る行為を通じて内容を理解したり、生活の追体験をしたりすることを目的としてください。なぞる課題も同様に、きれいになぞることが目的でなく、指示された形を見付けることに注目してください。また、下部の導入・指示の言葉掛けを参考に、会話を広げるようにしてください。各課題は基礎的なものから応用的な内容へと配列していますが、順番にする必要はありません。子どもの興味のある項目から、楽しみながら進めていってください。

年齢の目安について

　各レッスンの解説には、およそ3歳から5歳までの適用年齢の目安が表記されていますので、それらを参考に進めてください。「年齢の目安」はあくまで目安で、その年齢でできなくてはならないことを示すものではありません。子どもの興味のある分野から進めていただき、得意、不得意の課題を見付けてください。また、3歳から始めなくては間に合わないということでもありません。例えば、5歳から適用年齢3歳の課題を始めてもよいので、子どもの興味に合わせて進めてください。

画材について

　画材については、課題ごとに描画に適している画材を表記してありますので、それを目安に進めてください。

―画材を使い始める前の注意事項―

★クレヨンとあるのは、クレヨン又はパスでも可能なことを意味します。

★色鉛筆とあるのは、色鉛筆又は水性ペンでも可能なことを意味します。

★クレヨン、パスで塗りにくい時は色鉛筆など、塗りやすい描画材を使って塗ってください。

★子どもに合わせて使いやすいものを選ぶとよいでしょう。

保育者（保護者）の皆様へ

● 就学後でも使用できます。
  気になる子、発達の遅れが見られる幼児、特別なニーズのある子どもたちのさらなる発展にも。

● 目で見て観察する能力、目で見て記憶する能力、平面や立体構造と形の持つ特徴についての認識能力を発達させることを目的として、結果的に手指の動作発達、集中力の向上、自信と達成感にもつながります。

● 子どもの概念知識は、質問を聞いたり答えたりすることから発達すると言われています。是非、大人が質問し、子どもがそれに答えながら描画課題に取り組めるよう、各課題の下部も参照しながら楽しんでください。

レッスン(ワーク)前のルーチンとして

ねらい
絵や図形を描くには、筆記具を持つ手指を動かす必要がありますが、幼児は手や指そのものを思いどおりに動かすことができないために、絵や図形がうまく描けないことが起こってきます。ワークに取り組む前に、指がスムーズに動くように手の体操をしましょう。

発達の目安
手の体操ができるようになる、おおよその発達の目安を下表に示します。これは保育者(大人)が見本を示したときにできる年齢で、自分の意思で動かせるのはもう少し大きくなってからです。また、Bのグーチョキパーは指を動かすだけの目安であり、じゃんけんのルールが分かって使うのはもっと後になります。なお、手先の不器用な子どもができるようになるのは、これよりも遅くなります。

手の体操の種類	できるようになるおおよその年齢
A.グーパー	2歳
B.グーチョキパー	3歳
C.指を順に折る	5歳半
D.指を順に開く	6歳以上

指導のポイント
保育者(大人)は子どもと向かい合って手本を見せ、子どもにまねさせます。子どもが正確にできなくてもかまいません。子どもと一緒に楽しく取り組むことが大事です。続けているうちに、やがてできるようになるでしょう。

A.グーパー
保育者(大人)は「グーパー」「グーパー」とリズミカルに言いながら、楽しくやって見せます。子どもが喜んでやるなら、何回か続けるとよいでしょう。

B.グーチョキパー
保育者(大人)は「グー、チョキ、パー」とリズミカルに言いながら、楽しくやってみせます。子どもが喜んでやるなら、「グー、チョキ、パー」「グー、チョキ、パー」で(右手と左手でぐるぐる巻きながら)「じゃんけんぽん」と言って、じゃんけんをしてみます。子どもはじゃんけんが正確にできなくても、じゃんけんの動作そのものを楽しむことでかまいません。

C.指を順に折る　D.指を順に開く
どちらの場合も、保育者(大人)は指を1本折ったり伸ばしたりするたびに「1、2…5」とリズムを付けて数を数えながら、楽しくやってみせます。

※手の体操は、ほかにもいろいろと考えられます。P.10の下の囲み内をヒントに、オリジナルの体操を考えて子どもたちと楽しめるといいですね。
※P.11の『はじまるよ　はじまるよ』は、全ての指を動かす手遊びです。テーマソングにしてもよいでしょう。

始める前に、必ず読んでください

本書は、手先の細かい動きを取り入れた課題を行いつつ、P.3下の表のような考える力の元になるテーマについてトレーニングしていけるようになっています。

各レッスンとも、「1＝具体的な生き物」→「2＝具体的な物」→「3＝抽象的な形」という構成にしていますので、楽しくお絵描きトレーニングに取り組むうちに、知らず知らずに不器用さを改善し認知能力などの「考える力」が育っていくようになっています。

A. グーパー

B. グーチョキパー

C. 指を順に折る

D. 指を順に開く

数えよう

| 1 | 2 | 3 | 4 | 5 |

いろいろ

キツネ　眼鏡

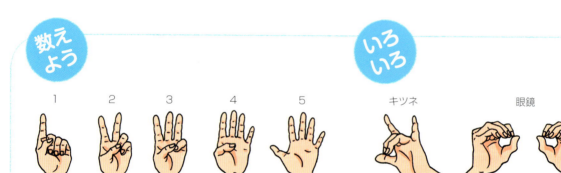

ゲーム

「指1本」と言ったら…　　　「指2本」と言ったら…

指と指を合わせる

親指とほかの指を順番に合わせていきます。

描画ワークを始める前のテーマソングとしてお勧め

手遊び　まず手指を動かして準備する意味で

『はじまるよ　はじまるよ』　作詞・作曲　不詳

1.～5. はじまるよ　　はじまるよ　　はじまるよったら　はじまるよ

	1	2	3	4	5
	いちと	にーと	さんと	よんと	ごーと
	いちで	にーで	さんで	よんで	ごーで
	にんじゃだよ	かにさんだよ	ねこのひげ	たこのあし	てはおひざ
	「ドローン」	「チョキーン」	「ニャオーン」	「ヒューン」	

1番
①はじまるよ　はじまるよ
はじまるよったら　はじまるよ

左右で3回ずつ手をたたく。
2回繰り返す。

②いちと　いちで

人さし指を片方ずつ出す。

③にんじゃだよ

忍者が変身するポーズをする。

④「ドローン」

横に振る。

2番
①はじまるよ　はじまるよ
はじまるよったら　はじまるよ

左右で3回ずつ手をたたく。
2回繰り返す。

②にーと　にーで

2本の指を立て、片方ずつ出す。

③かにさんだよ

カニのハサミの形で左右に振る。

④「チョキーン」

切るしぐさをする。

3番
①はじまるよ　はじまるよ
はじまるよったら　はじまるよ

左右で3回ずつ手をたたく。
2回繰り返す。

②さんと　さんで

3本の指を立て、片方ずつ出す。

③ねこのひげ

頬でネコのひげを作る。

④「ニャオーン」

招き猫の手をする。

4番
①はじまるよ　はじまるよ
はじまるよったら　はじまるよ

左右で3回ずつ手をたたく。
2回繰り返す。

②よんと　よんで

4本の指を立て、片方ずつ出す。

③たこのあし

体の前でゆらゆらと手を揺らす。

④「ヒューン」

横に飛んでいくように振る。

5番
①はじまるよ　はじまるよ
はじまるよったら　はじまるよ

左右で3回ずつ手をたたく。
2回繰り返す。

②ごーと　ごーで

5本の指を立て、片方ずつ出す。

③てはおひざ

両手を膝の上に置く。

解説 レッスン1

上方向・下方向について

ねらい

　レッスン1は、上・下の方向性の概念について理解を問うものです。このワークでは、上を向いている物、下を向いている物を見付けます。上・下の方に向いている物を指さしたり、色を塗ったりして理解を深めます。このワーク以外でも、物を落としたり、上に投げたり、目的の方向に人差し指をさしたりするとさらに理解が深まります。

発達の目安・指導のポイント

年齢の目安	課題	指導のポイント
3歳〜	❶〜❷	好きな色で形を塗ります。保育者・保護者の声掛けで、生き物がどちらの方向に動くのか質問してください。
3歳〜	❸〜❺	上・下の方に向いている物を指示された色で塗ります。保育者・保護者の声掛けで指さししてから塗ってもいいです。
3歳〜	❻	閉じた形でなく、上か下の方向に開いている形をなぞる課題です。抽象的な課題になっています。

※年齢は典型発達においてできるようになる目安です。これより遅くなる子どももいます。

❶ レッスン1　上方向・下方向 （上下の方向性の概念理解と確認）

うえ・した（生き物） クレヨン 色鉛筆

作業 指さし、塗る

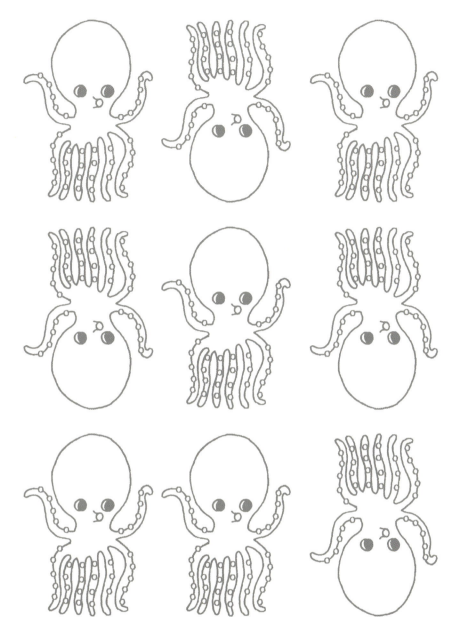

- **●導入・指示の言葉掛け**　絵の生き物は何か知っているかな？　タコを指さしてみよう。上を向いているタコはどれ？　下を向いているタコはどれ？

　＊下を向いているタコに好きな色を塗りましょう。
　＊このタコはどちらの方向に動くかな？　（いずれかのタコを指さして動く方向を答えます。）
　　例：「このタコは上に動きます」

- **●その他の工夫**　足が8本の生き物覚えている？

- **●子どもが楽しくなる工夫**　今日はタコに色を塗って、おしゃれに変身させよう。足まで色を塗りましょう。

13

❷ レッスン1　上方向・下方向 （上下の方向性の概念理解と確認）

うえ・した（生き物） クレヨン 色鉛筆

作業 指さし、塗る、描く

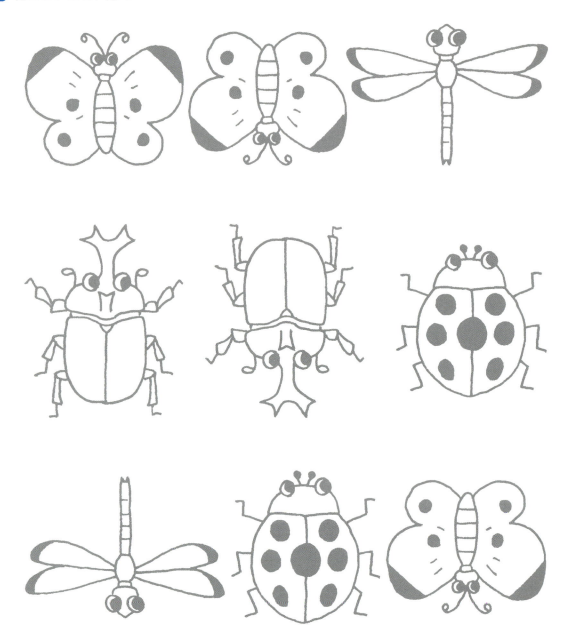

- ●**導入・指示の言葉掛け**　この虫の名前を知っているかな？　チョウチョウが上を向いたり下を向いたり、カブトムシにテントウムシにトンボ……指でさしてみてね。

  ＊下を向いている虫に好きな色を塗りましょう。
  ＊この虫はどちらの方向に動くかな？（いずれかの虫を指さして動く方向を答えます。）
  　例：「このトンボは上に動きます」

- ●**その他の工夫**　見たことがある虫はどーれだ？

- ●**子どもが楽しくなる工夫**　課題の中で気になった虫を別の紙に自分で描いてみましょう。（難しい場合は大人が描いてもいいです。）その後、絵を塗って飾りましょう。

③ レッスン1　上方向・下方向　（上下の方向性の概念理解と確認）

うえ・した（物）　クレヨン　色鉛筆

作業 塗る

- **導入・指示の言葉掛け**　水やお湯を入れるこの大きな物は何？　上を向いているやかんはどれ？　下を向いているやかんは？

  ＊上を向いているやかんを青色に塗りましょう。
  ＊下を向いているやかんを黄色に塗りましょう。

- **その他の工夫**　好きな色を塗って自分のやかんを完成させてね。

- **子どもが楽しくなる工夫**　みんなで一緒にティータイムにしましょう。

❹ レッスン1　上方向・下方向　（上下の方向性の概念理解と確認）

うえ・した（物）　クレヨン　色鉛筆

作業 塗る

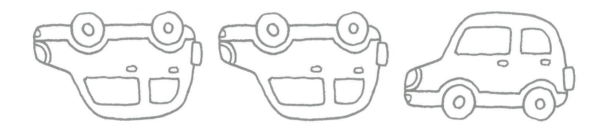

- **導入・指示の言葉掛け**　たくさん車があるね。よーく見ると、向きが違う車があるよ。どれか分かるかな？

　＊タイヤが上になっている車を青色に塗りましょう。
　＊タイヤが下になっている車を黄色に塗りましょう。

- **その他の工夫**　タイヤが上になっている車に好きな色を塗ってみよう。タイヤが下になっている車には違う色を塗ってみましょう。

- **子どもが楽しくなる工夫**　いろいろな色で塗って、カラフルにしてみよう。

⑤ レッスン1　上方向・下方向　（上下の方向性の概念理解と確認）

うえ・した（閉じられた形）

作業 塗る、指でなぞる

 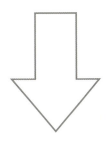  

 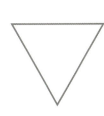 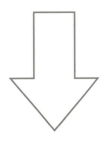 

- ●導入・指示の言葉掛け　いろいろな形があるね。何て言う形か知っているかな？
全部言えるかな？

　　＊とがっている方が上を向いている形を赤色に塗りましょう。
　　＊とがっている方が下を向いている形を青色に塗りましょう。

- ●その他の工夫　線の上を指でなぞって、スタートとゴールをくっつけよう。

- ●子どもが楽しくなる工夫　好きな色で塗ってみましょう。すてきな形ができそうだね。

17

⑥ レッスン1　上方向・下方向　（上下の方向性の概念理解と確認）

うえ・した（開いた形）　クレヨン　色鉛筆

作業 筆記具でなぞる、描く

- ●導入・指示の言葉掛け　線をなぞってみましょう。くっつかずに開いているね。

  ＊上に開いている形を青色でなぞりましょう。
  ＊下に開いている形を赤色でなぞりましょう。

- ●その他の工夫　好きな色、いろいろな色でなぞってみましょう。

- ●子どもが楽しくなる工夫　余白にいろいろな形を描いてみましょう。

ねらい

レッスン2は、上・真ん中・下の概念について理解と確認を問うものです。このワークでは、上・下にいる（ある）物や上下二つの物の間、「真ん中」の物を見付けます。上・真ん中・下にいる（ある）物について、どこにいる（ある）のか質問することにより、質問に答えたり、指示されたとおり色を塗ったりして理解を深めます。ワーク以外でも家の中や外で見付けた物について、どこにいる（ある）のか質問したり話したりすることにより、さらに理解は深まるでしょう。また、上への移動を「上がる」「昇る」、下への移動を「下がる」「降りる（くだる）」「落ちる」という言葉で表現し、遊びに取り入れると理解しやすくなるでしょう。

発達の目安・指導のポイント

年齢の目安	課題	指導のポイント
3歳〜	❼A〜❼B	指示された位置にいる生き物を指さしたり、○を付けたりします。子どもにとって、最初は真ん中の概念が意外と難しいかもしれません。
3歳〜	❼C〜❽	指示された位置にいる（ある）生き物や物を指さしたり、色を塗ったりする課題です。数を理解するようになったら、数についても質問してみてください。
3歳〜	❾	丸・三角・四角といった形を、指示されたとおり指さしたり色を塗ったりする課題です。年齢が上がったら、形についても質問してみてください。

※年齢は典型発達においてできるようになる目安です。これより遅くなる子どももいます。

解説

レッスン2

上・真ん中・下について

7A レッスン2 上・真ん中・下 （上・中央・下の概念理解と確認）

うえ・した（生き物） クレヨン 色鉛筆

作業　○を付ける、描く

- ●導入・指示の言葉掛け　この動物は知ってるかな？　どんな鳴き声かな？

  ＊机の上にいるネコに○を付けましょう。

- ●その他の工夫　机の上にいるネコと机の下にいるネコは模様が違うね。どこが違うかな？

- ●子どもが楽しくなる工夫　机の上にいるネコの模様を増やしてみましょう。

7B レッスン2 上・真ん中・下 (上・中央・下の概念理解と確認)

うえ・まんなか・した（生き物(いもの)） クレヨン 色鉛筆

作業 ○を付ける

● **導入・指示の言葉掛け**　この家に住んでいる動物は何でしょう？　どんな鳴き声かな？

　＊真ん中のまどから顔を出しているイヌに○を付けましょう。
　＊下のまどから顔を出しているイヌに○を付けましょう。

● **その他の工夫**　耳の小さいイヌは、どこにいますか？

● **子どもが楽しくなる工夫**　どのイヌが好き？　そのイヌは、どこにいますか？
　上？　真ん中？　下？

7c レッスン2 上・真ん中・下 （上・中央・下の概念理解と確認）

うえ・まんなか・した（生き物） クレヨン 色鉛筆

作業▶ 塗る、描く

- **●導入・指示の言葉掛け**　電線に止まっているのは何？　鳥さんだね。上の電線には何羽？　真ん中の電線には何羽？　下の電線には何羽？

  ＊上に止まっている鳥を黄色に塗りましょう。
  ＊真ん中に止まっている鳥を赤色に塗りましょう。
  ＊下に止まっている鳥を緑色に塗りましょう。

- **●その他の工夫**　別の紙に自分で鳥を描いてみましょう。（難しい場合は大人が描いてもいいです。）前に塗った色を変えて塗ってみましょう。

- **●子どもが楽しくなる工夫**　頭・顔・翼など、色を塗り分けてみましょう。

⑧ レッスン2 　上・真ん中・下 （上・中央・下の概念理解と確認）

うえ・まんなか・した（物） クレヨン 色鉛筆

作業 塗る、描く、指さし

- ●**導入・指示の言葉掛け**　靴箱に靴が何足入っているかな？　上は？　真ん中は？　下は？

　＊上に置いてある靴を赤色に塗りましょう。
　＊真ん中に置いてある靴を黄色に塗りましょう。
　＊下に置いてある靴を青色に塗りましょう。

- ●**その他の工夫**　別の紙に自分の一番好きな靴を描いてみましょう。（難しい場合は大人が描いてもいいです。）前に塗った色を変えて塗ってみましょう。

- ●**子どもが楽しくなる工夫**　上の真ん中、真ん中の右など、指示した場所の靴を順番に指をさしましょう。

⑨ **レッスン2　上・真ん中・下**（上・中央・下の概念理解と確認）

うえ・まんなか・した（形 (かたち)） クレヨン 色鉛筆 カラーペン

作業　塗る、筆記具でなぞる、描く

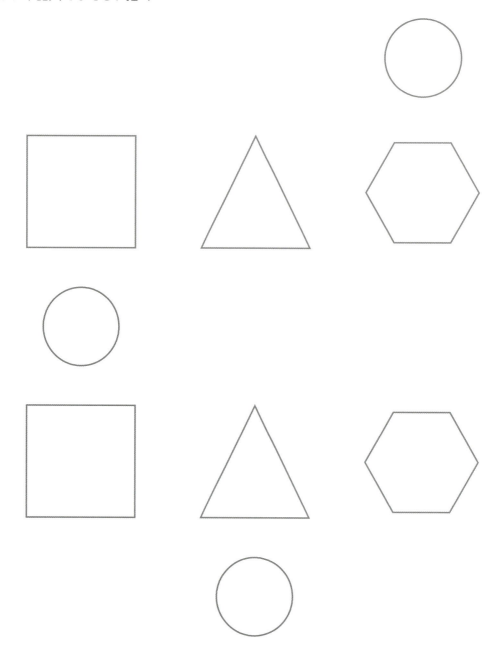

● **導入・指示の言葉掛け**　いろいろな形があります。何て言う形か知っているかな？

　＊一番上にある丸を黄色に塗りましょう。
　＊真ん中にある丸を青色に塗りましょう。
　＊一番下にある丸をピンク色に塗りましょう。

● **その他の工夫**　4種類の形（丸、三角、四角、六角）の線を筆記具でなぞりましょう。

● **子どもが楽しくなる工夫**　別の紙に自分で4種類の形（丸、三角、四角、六角）を描いてみましょう。（難しい場合は大人が描いてもいいです。）その後4種類の形を好きな色に塗ってみましょう。

ねらい

　レッスン3は、前・真ん中・後ろの概念について理解と確認を問うものです。このワークでは、前・真ん中・後ろにいる（ある）物や、前後二つの物の間「真ん中」の物を見付けます。前・真ん中・後ろにいる（ある）物について、どこにいる（ある）のか質問することにより、質問に答えたり、指示されたとおり色を塗ったりして理解を深めます。ワーク以外でも家の中や外で見付けた物について、それがほかの物と比べて前後どこにいる（ある）のか質問したり話したりすることにより、さらに理解は深まるでしょう。子どもは日常の環境の中で全ての方向を自分と比べて理解します。自分の体と比べて前後（目の方向と背の方向）は理解しやすいですが、物の位置をほかの物と比べて前後を理解することは日常生活での経験が必要です。

発達の目安・指導のポイント

年齢の目安	課題	指導のポイント
3歳〜	❿A〜❿B	指示された位置にいる生き物や人を指さしたり、色を塗ったりします。数を理解するようになったら、数についても質問してみてください。
3歳〜	⓫〜⓭	指示された位置にある（いる）物や小人を指さしたり、色を塗ったりする課題です。数を理解するようになったら、数や序数についても質問してみてください。

※年齢は典型発達においてできるようになる目安です。これより遅くなる子どももいます。

解説

レッスン3

前・真ん中・後ろについて

10A レッスン3　前・真ん中・後ろ （前・中央・後ろの概念理解と確認）

まえ・まんなか・うしろ（生き物）　クレヨン　色鉛筆

作業 塗る、描く、指さし

- **導入・指示の言葉掛け**　木は何本あるかな？　イヌは何匹いるかな？　イヌはどこにいるかな？

  ＊2本の木の真ん中にいるイヌを黄色に塗りましょう。
  ＊木の前にいるイヌを茶色に塗りましょう。
  ＊木の後ろにいるイヌを黒色に塗りましょう。

- **その他の工夫**　別の紙に自分でイヌを描いてみましょう。（難しい場合は大人が描いてもいいです。）好きな色でイヌを塗ってみよう。

- **子どもが楽しくなる工夫**　言った場所を指でさしましょう。

10B レッスン3 前・真ん中・後ろ （前・中央・後ろの概念理解と確認）

まえ・まんなか・うしろ（生き物） クレヨン 色鉛筆

作業 塗る、描く、記憶

- **導入・指示の言葉掛け** 笑顔の子どもたちが並んでいるね。女の子はどこにいるかな？

  ＊一番前にいる子どもの服を赤色に塗りましょう。
  ＊真ん中の子どもの服を青色に塗りましょう。
  ＊一番後ろにいる子どもの服を好きな色に塗りましょう。

- **その他の工夫** 別の紙に自分の一番好きな服（ズボン、スカートなど）を描いてみましょう。（難しい場合は大人が描いてもいいです。）服にきれいな模様を付けよう。

- **子どもが楽しくなる工夫** 絵をよく見て覚えてね。（しばらく絵を見せて隠す。）真ん中の子どもの服には何が付いていたかな？

⑪ レッスン3　前・真ん中・後ろ （前・中央・後ろの概念理解と確認）

まえ・まんなか・うしろ（物） クレヨン 色鉛筆

作業 塗る、描く

- **導入・指示の言葉掛け**　機関車が走っているね。前から何番目に乗りたいかな？

  ＊一番前の車両（機関車）を赤色に塗りましょう。
  ＊真ん中の車両（客車）を緑色に塗りましょう。
  ＊一番後ろの車両（客車）を青色に塗りましょう。

- **その他の工夫**　別の紙に自分で電車を描いてみましょう。（難しい場合は大人が描いてもいいです。）好きな色で塗ってみましょう。

- **子どもが楽しくなる工夫**　機関車の運転手さんになったつもりで、どの車両もきれいに塗ろうね。

⑫ レッスン3　前・真ん中・後ろ （前・中央・後ろの概念理解と確認）

まえ・まんなか・うしろ（物） クレヨン 色鉛筆

作業　塗る

- ●導入・指示の言葉掛け　おいしそうな果物がたくさん。好きな果物があるかな？リンゴはどれかな？

    ＊バナナの前にある果物に色を塗りましょう。
    ＊二つのリンゴの前にある果物に色を塗りましょう。
    ＊二つのリンゴの後ろにある果物に色を塗りましょう。

- ●その他の工夫　まだ色を塗っていない果物に色を塗りましょう。

- ●子どもが楽しくなる工夫　いつも食べているリンゴはどんな色かな？　じゃあバナナは？　ブドウは？　色が塗れたら、本物の果物と比べてみましょう。

⑬ レッスン3　前・真ん中・後ろ（前・中央・後ろの概念理解と確認）

まえ・まんなか・うしろ（形） クレヨン 色鉛筆

作業▶塗る、描く

- ●**導入・指示の言葉掛け**　小人さんは全部で何人？　何に隠れているのかな？

    ＊サイコロの前にある形を赤色に塗りましょう。
    ＊二つのサイコロの真ん中にある形を黄色に塗りましょう。
    ＊サイコロの後ろにいる小人の服や帽子を青色に塗りましょう。

- ●**その他の工夫**　別の紙に自分で6つの四角を描いてみましょう。（難しい場合は大人が描いてもいいです。）1、2、3、4、5、6の数字にあうサイコロの目を好きな色で描いてみましょう。

- ●**子どもが楽しくなる工夫**　小人もみんなきれいに塗りましょう。

ねらい

　レッスン4は、右・左の概念について理解と確認を問うものです。このワークでは、右・左の方向に向いている、または向かって動いている物を見付けたり、輪の切れている左右の向きを見付けたり、さらに右手・左手を見付けたりします。課題⑭〜㉔は基礎的なものから応用的な内容へと配列していますが、順番にする必要はありません。

　左右のとっさの判断ができない子どもは小学生でもおり、判断に数秒かかるので、先生の指示などにすぐに従えないことがあります。分かりやすく左右を覚える方法として、片方の手の特徴を捉えるというものがあります。また、自分の右手・左手は理解できても、他人の右手・左手や、地図上を指示どおりに移動する問題になるとできなくなることも少なくありません。左右の理解は自分の右手・左手の理解から始めますが、問題はそんなに単純ではありません。自分の立場を離れて他人の観点から左右関係を考えることは、子どもにとってとても難しいことです。日常生活の中でできる練習には以下のようなものがあります。

- ぬいぐるみや人形を使って右と左の手・足を見付ける。
- 向き合った相手の右手がどちらか理解する。
- 道を曲がるときなど生活の中で右や左に意識を向けた声掛けをする。

　しかし、左右のワークや声掛けなどを一度にたくさん行うと、逆に子どもが混乱し、できなくなってしまうことがあります。このレッスンでは11種類の課題がありますが、少しずつ行なってください。

発達の目安・指導のポイント

年齢の目安	課題	指導のポイント
4歳〜	⑭〜⑲B	右・左の方向に向いている、または向かって動いている物を指示に従って指さしたり、色を塗ったりします。子どもの興味がある絵で行ってください。
4歳〜	⑳〜㉑	手袋の課題では、左右だけではなく、手袋の向きにも注意する必要があります。
4歳〜	㉒A〜㉒B	右・左の方向に向いている矢印に、指示に従って色を塗ります。友達とジャンケンをしながらなど、工夫して行ってください。
4歳〜	㉓A〜㉓B	指示された方向が空いている輪を○で囲む課題です。眼科検診で見たことのある図形です。
5歳〜	㉔	ボールが転がる方向を予想して土台に色を塗る課題です。ボールが坂道を転げ落ちる想像力と、ボールに集中しながら土台に色を塗るという集中力が必要になります。

※年齢は典型発達においてできるようになる目安です。これより遅くなる子どももいます。

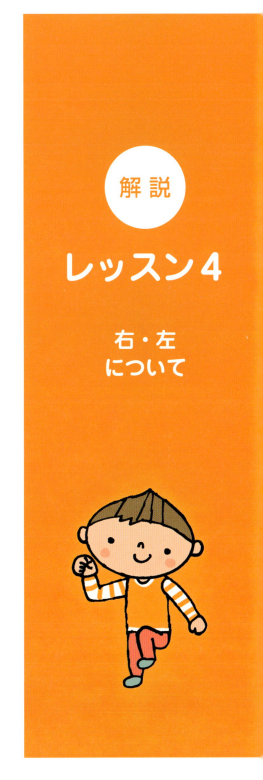

解説

レッスン4

右・左
について

⑭ レッスン4 右・左 （右・左方向の概念理解と確認）

みぎ・ひだり（生き物） クレヨン 色鉛筆

作業 ▶ 指さし、塗る

- ●導入・指示の言葉掛け　葉っぱに乗っているのは何かな？　（指でさしながら）こっち（右）向きとあっち（左）向きがいるね。

  ＊右を向いているカタツムリ全てに好きな色を塗りましょう。

- ●その他の工夫　色を変えて左向きのカタツムリも塗ってみましょう。

- ●子どもが楽しくなる工夫　『かたつむり』の歌をうたいながら色を塗りましょう。

⑮ レッスン4 右・左 （右・左方向の概念理解と確認）

みぎ・ひだり（生き物） クレヨン 色鉛筆

作業 塗る、指さし

- ●**導入・指示の言葉掛け** いろいろな動物がいるね。知っている動物の名前を言ってみましょう。

   ＊左を向いているゾウに好きな色を塗りましょう。
   ＊左を向いているウサギに好きな色を塗りましょう。
   ＊右を向いているカンガルーに好きな色を塗りましょう。

- ●**その他の工夫** 左を向いているハトに好きな色を塗りましょう。左を向いているハトはどこにいる？　上の方？　下の方？　指をさしましょう。

- ●**子どもが楽しくなる工夫** 全部きれいに塗れたら、みんなの動物園だね。どの動物のお世話をしたいかな？

16A レッスン4 右・左 （右・左方向の概念理解と確認）

みぎ・ひだり（物） 色鉛筆

作業 指さし、塗る、描く

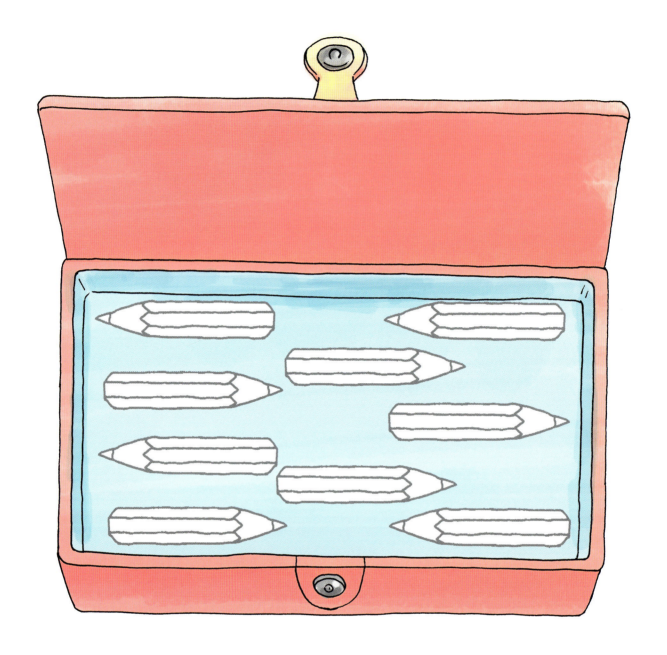

- ●導入・指示の言葉掛け　筆箱に鉛筆は全部で何本入っているのかな？（指でさしながら）こっち（左）を向いているのは何本あるかな？

    ＊左を向いている鉛筆全てに赤色を塗りましょう。

- ●その他の工夫　右を向いている鉛筆全てに黄色を塗りましょう。

- ●子どもが楽しくなる工夫　別の紙に自分で3本の鉛筆を描いてみましょう。芯、削った所、持つ所など、細かく分けて描けるかな？

16 B　レッスン4　右・左　(右・左方向の概念理解と確認)

みぎ・ひだり（物）　クレヨン　色鉛筆

作業 塗る、描く

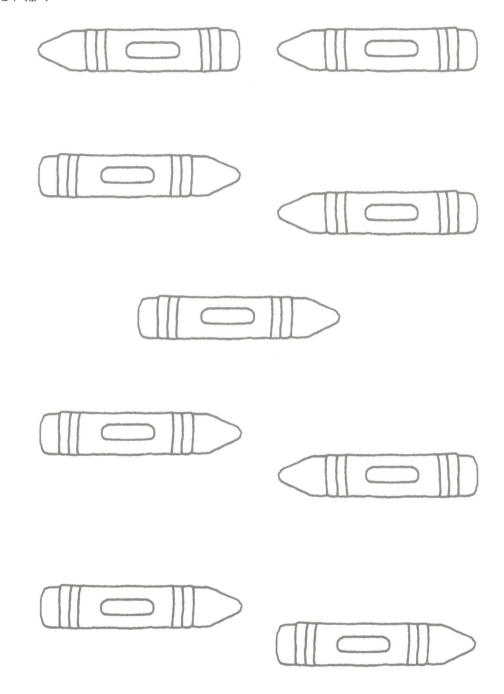

- ●**導入・指示の言葉掛け**　クレヨンのとがっている所が先っぽだよ。どっちを向いているかな？

  ＊左を向いているクレヨン全てを青色に塗りましょう。

- ●**その他の工夫**　右を向いているクレヨン全てを赤色に塗りましょう。

- ●**子どもが楽しくなる工夫**　別の紙に同じ物（例：果物）をたくさん、クレヨンでも色鉛筆でも好きな色で描いてみましょう。

17A レッスン4 右・左 （右・左方向の概念理解と確認）

みぎ・ひだり（物） 色鉛筆

作業 塗る、指さし

- **●導入・指示の言葉掛け** ヘリコプターが飛んでいるね。空を散歩しているのかな？

  ＊右を向いて飛んでいるヘリコプター全てに青色を塗りましょう。

- **●その他の工夫** 左を向いて飛んでいるヘリコプター全てに黄色を塗りましょう。

- **●子どもが楽しくなる工夫** パイロットになって、全てのヘリコプターひとつひとつを指でさして、飛んでいる方向を教えてね。

17 B レッスン4 右・左 （右・左方向の概念理解と確認）

みぎ・ひだり（物） 色鉛筆

作業 塗る

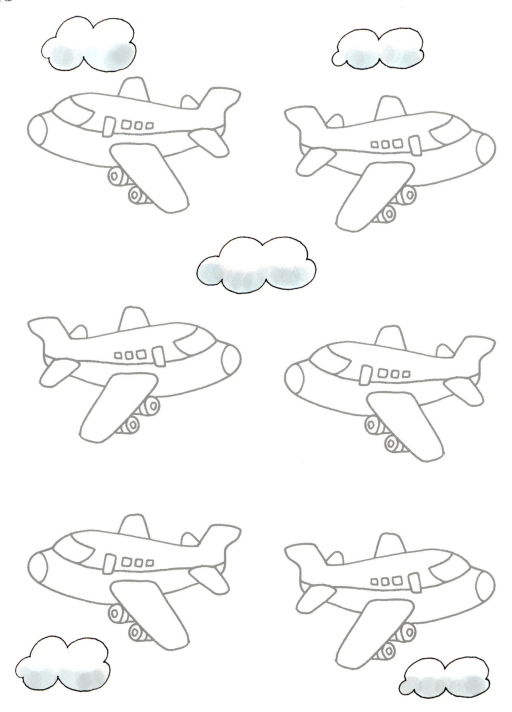

- **導入・指示の言葉掛け** 飛行機が飛んでいるね。どこまで行くのかな？

  ＊右に向かって飛んでいる飛行機全てに赤色を塗りましょう。

- **その他の工夫** 左に向かって飛んでいる飛行機全てに、好きな色を塗りましょう。

- **子どもが楽しくなる工夫** パイロットやキャビンアテンダントになって、かっこいい飛行機やおしゃれな飛行機にしましょう。

18A レッスン4 右・左 （右・左方向の概念理解と確認）

みぎ・ひだり（物） 色鉛筆

作業 指さし、塗る、描く

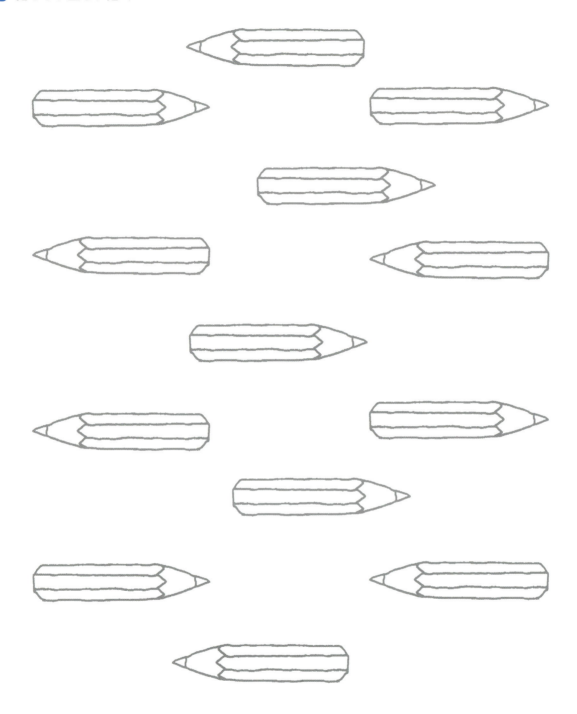

- **導入・指示の言葉掛け** 鉛筆は全部で何本あるかな？ （指でさしながら）こっち（左）を向いているのは何本あるかな？

  ＊左を向いている鉛筆全てに青色を塗りましょう。

- **その他の工夫** 右を向いている鉛筆全てに赤色を塗りましょう。

- **子どもが楽しくなる工夫** 別の紙に自分で4本の鉛筆を描いてみましょう。芯、削った所、持つ所など、細かく分けて色を塗れるかな？

18B レッスン4 右・左 （右・左方向の概念理解と確認）

みぎ・ひだり（物） 色鉛筆

作業 塗る、描く

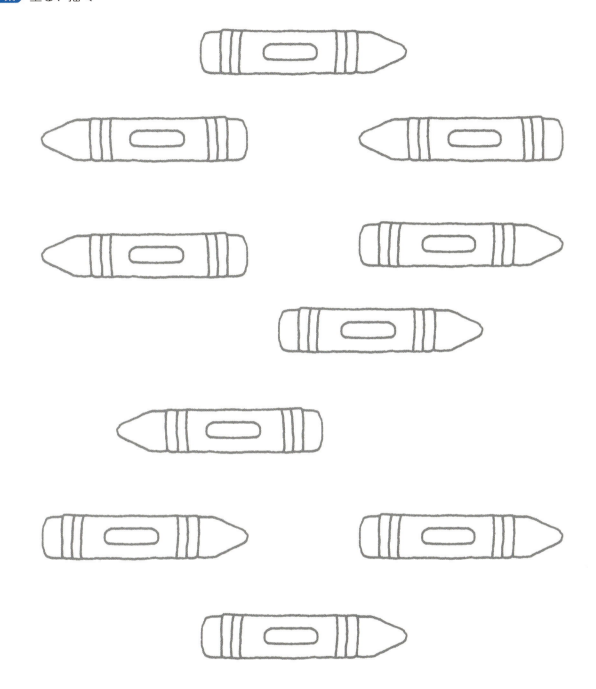

- ●**導入・指示の言葉掛け** クレヨンのとがっている所が先っぽだよ。どっちを向いているかな？ たくさんあるけど分かるかな？

    ＊右を向いているクレヨン全てに青色を塗りましょう。

- ●**その他の工夫** 左を向いているクレヨン全てに黄色を塗りましょう。別の紙に自分で4本のクレヨンの絵を描いてみましょう。

- ●**子どもが楽しくなる工夫** クレヨンに色を塗りましょう。紙を巻いている所と分けて塗れるかな？

19A レッスン4 右・左 （右・左方向の概念理解と確認）

みぎ・ひだり（物） 色鉛筆

作業 ▶ 塗る、描く

- ●導入・指示の言葉掛け　ヘリコプターが飛ぶのを待っています。どのヘリコプターに乗りたい？

  ＊右を向いているヘリコプター全てに青色を塗りましょう。

- ●その他の工夫　色を変えて、左を向いているヘリコプターを全て好きな色で塗ってみましょう。

- ●子どもが楽しくなる工夫　別の紙にかっこいいヘリコプターを描いて、お友達を乗せてみましょう。

19 B レッスン4 右・左 （右・左方向の概念理解と確認）

みぎ・ひだり（物） 色鉛筆

作業 塗る、作る

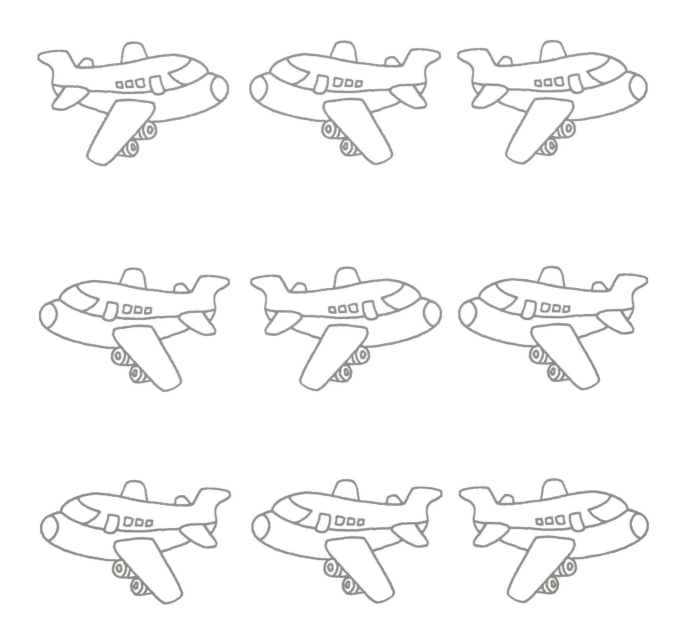

- **導入・指示の言葉掛け** 飛行機で旅行に行きましょう。どの飛行機に乗るのか、間違えないようにね。

    ＊左を向いている飛行機全てに青色を塗りましょう。

- **その他の工夫** 色を変えて、右を向いている飛行機を全て好きな色で塗ってみましょう。

- **子どもが楽しくなる工夫** 大人と一緒に紙飛行機を折って飛ばしてみましょう。すてきな飛行機にできるかな？

⑳ レッスン4 右・左 （右・左方向の概念理解と確認）

みぎ・ひだり（物） 色鉛筆

作業 ▶ 塗る

- ●**導入・指示の言葉掛け**　手袋には右手と左手があるね。どっちが右手か分かるかな？女の子の絵がヒントだよ（手袋の手の甲側には模様があります）。

　＊右手の手袋全てに赤色を塗りましょう。
　＊左手の手袋全てに青色を塗りましょう。

- ●**その他の工夫**　自分の手袋を探してみましょう。見付けたら右の手袋をはめてみましょう。次に左もはめてみましょう。

- ●**子どもが楽しくなる工夫**　友達とジャンケンをして、勝った子が好きな色を言います。言われた色で塗っていきましょう。

㉑ レッスン4 右・左 （右・左方向の概念理解と確認）

みぎ・ひだり（物） 色鉛筆

作業 塗る、描く

- ●導入・指示の言葉掛け　左を向いている靴はどれでしょう？　左を向いている帽子はどれでしょう？

  ＊左を向いている靴と帽子全てに好きな色を塗りましょう。

- ●その他の工夫　右を向いている靴と帽子全てに前回と違う色を塗ってみましょう。

- ●子どもが楽しくなる工夫　持っている靴や帽子の絵を別の紙に描きましょう。持っている靴や帽子と似た色で塗っていきましょう。

22A レッスン4 右・左 （右・左方向の概念理解と確認）

みぎ・ひだり（形） 色鉛筆

作業 塗る

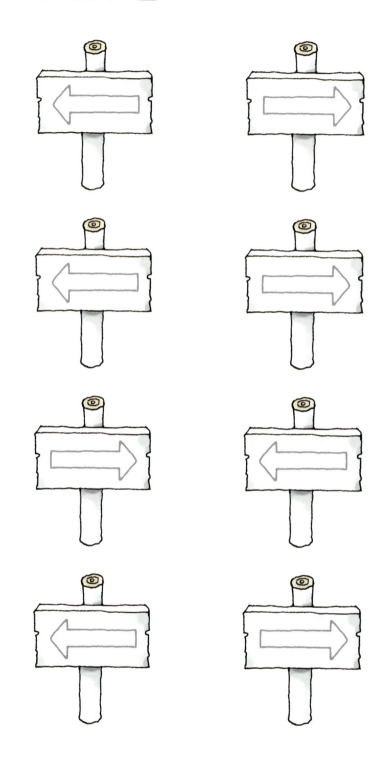

- ●導入・指示の言葉掛け　右と左は分かるかな？　右を向いている矢印はどれかな？
  ＊右を向いている矢印を緑色に塗りましょう。

- ●その他の工夫　左を向いている矢印を赤色で塗ってみましょう。

- ●子どもが楽しくなる工夫　右を向いている矢印を全て好きな色で塗って、カラフルな矢印にしよう。

22B レッスン4 右・左 （右・左方向の概念理解と確認）

みぎ・ひだり（形）色鉛筆

作業 塗る

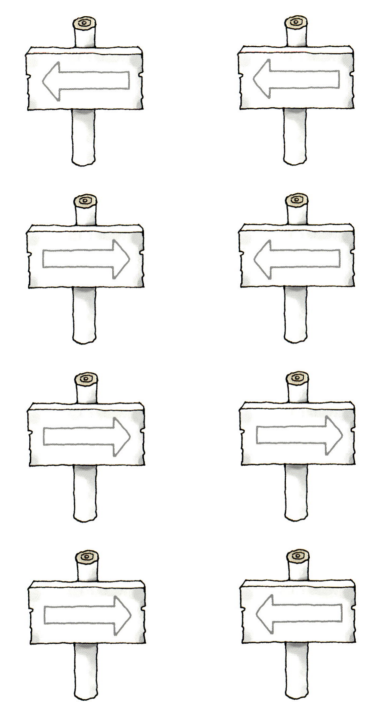

- ●**導入・指示の言葉掛け** 　右と左は分かるかな？　左を向いている矢印はどれかな？

    ＊左を向いている矢印を青色に塗りましょう。

- ●**その他の工夫** 　右を向いている矢印を赤色で塗ってみましょう。

- ●**子どもが楽しくなる工夫** 　友達とジャンケンをして、負けた人は目隠しをして勝った人が言っている方向に三歩歩いて止まりましょう。また勝った人が指示した方向に歩いてみましょう。次に交代して同じようにやってみましょう。

23A レッスン4　右・左 （右・左方向の概念理解と確認）

みぎ・ひだり（形）

作業 ○で囲む、指さし

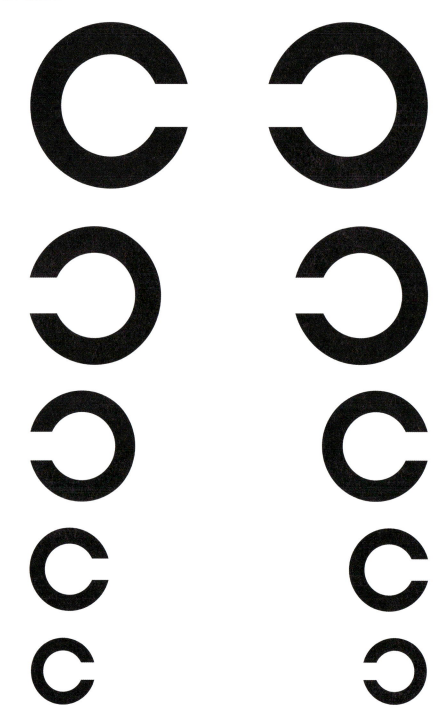

- **導入・指示の言葉掛け**　このマーク知ってる？　目の検査で見たことあるでしょう。
  ＊右側が開いている「C」の形を見付けて○で囲みましょう。

- **その他の工夫**　好きな色で囲みましょう。

- **子どもが楽しくなる工夫**　目の検査のときみたいに、「右」「左」って指で示しましょう。

23B レッスン4 右・左 （右・左方向の概念理解と確認）

みぎ・ひだり（形） クレヨン 色鉛筆

作業 ○で囲む、指さし

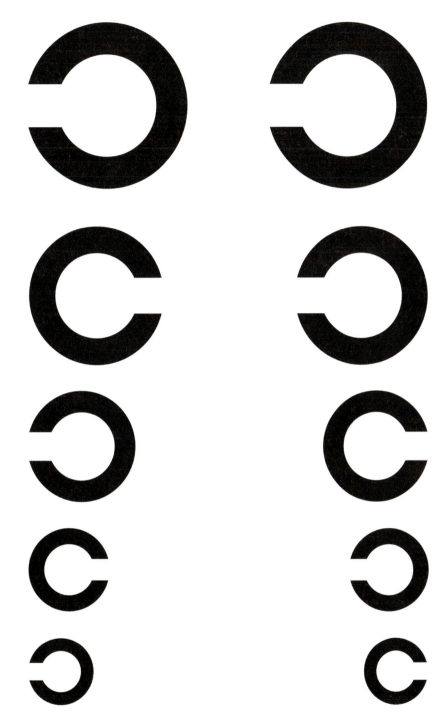

- ●**導入・指示の言葉掛け** このマーク知ってる？ 目の検査で見たことあるでしょう。

    ＊左側が開いている「C」の形を見付けて○で囲みましょう。

- ●**その他の工夫** 好きな色で囲みましょう。

- ●**子どもが楽しくなる工夫** 目の検査のときみたいに、「右」「左」って指で示しましょう。

㉔ レッスン4　右・左 （右・左方向の概念理解と確認）

みぎ・ひだり（形） クレヨン 色鉛筆

作業 塗る

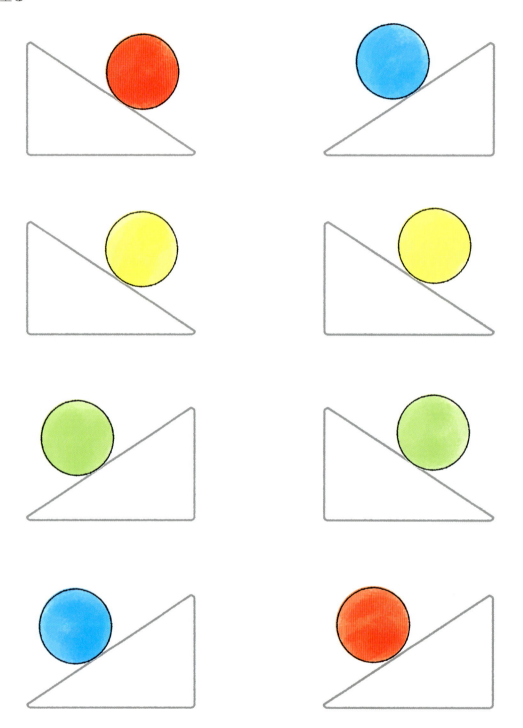

- ●導入・指示の言葉掛け　絵のボールは、どっちに転がるかな？

    ＊ボールが右に転がる、三角形の台を青色に塗りましょう。

- ●その他の工夫　ボールが左に転がる、三角形の台を黄色で塗ってみましょう。

- ●子どもが楽しくなる工夫　家でスロープを作ってボールを転がしましょう。また、空のペットボトルをピンとして「室内ボーリング」をしてみましょう。

ねらい

レッスン5は、上・下・左・右・前・後ろの概念をさらに発展させ、様々な方向について理解と確認を問うものです。このワークでは斜めの方向を示す描画もあり、レッスン4までと比べて複雑になっています。

発達の目安・指導のポイント

年齢の目安	課題	指導のポイント
4歳〜	㉕〜㉗	上・下・右・左の方向に向いた物の中で、指示された方向に向いている物に色を塗ったり、○で囲んだりする課題です。
4歳〜	㉘〜㉙	上・下・右・左の方向に向いた物の中で、指示された方向の物に色を塗ったり、○で囲んだりする課題です。斜めの方向もあり、前の課題に比べて少し複雑になっています。
4歳〜	㉚	クマさんの右手側・左手側・前・後ろの方向を問う課題です。クマさんから見た方向を考えなくてはならないので、難しい課題です。クマさんに向かって右側・左側とすることもできます。
4歳〜	㉛〜㉜	上・下・右・左の方向に向いた形の中で、指示された方向の物を○で囲んだり、色を塗ったりする課題です。

※年齢は典型発達においてできるようになる目安です。これより遅くなる子どももいます。

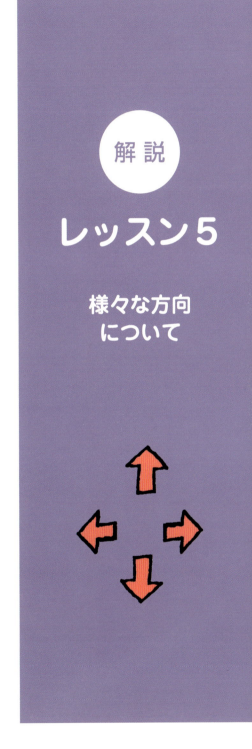

解説

レッスン5

様々な方向について

㉕ レッスン5　様々な方向　（様々な方向の概念理解と確認）

いろいろな　ほうこう（カニ）　色鉛筆

作業 塗る、数える

- **導入・指示の言葉掛け**　カニがいろいろな方向を向いているね。上、下、右、左、一緒に確認してみましょう。

　＊左と下向きのカニを赤色に塗りましょう。

- **その他の工夫**　右と上を向いているカニを黄色に塗りましょう。

- **子どもが楽しくなる工夫**　上を向いているカニは何匹？　右を向いているカニは何匹？　数えてみよう。次に下を向いているカニは何匹？　左を向いているカニは何匹？　これも数えてみよう。

㉖ レッスン5 様々な方向　（様々な方向の概念理解と確認）

いろいろな　ほうこう（足跡）　クレヨン　色鉛筆

作業　○で囲む、指さし、描く、塗る

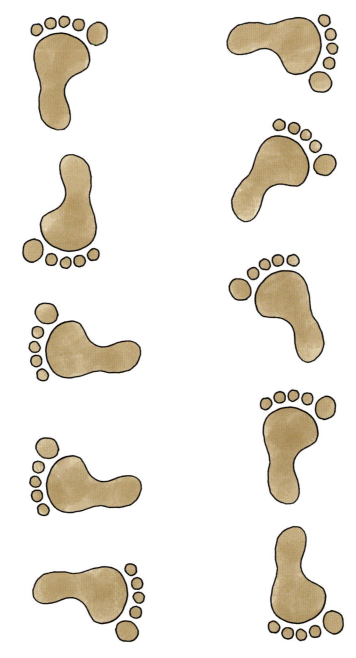

- ●導入・指示の言葉掛け　いろいろな方向の足跡がたくさんあるね。上向きは？　右向きは？

  ＊右と上を向いている足跡を○で囲みましょう。

- ●その他の工夫　斜めになっている足跡はどれかな？　見付けましょう。見付かったら指でさしましょう。

- ●子どもが楽しくなる工夫　自分の足を白い紙に置いて大人と一緒にクレヨンで足跡を描きましょう。両足が描けたら左足を赤色に、右足を青色にクレヨンで塗ってみましょう。

㉗ レッスン5　様々な方向　（様々な方向の概念理解と確認）

いろいろな　ほうこう（サンダル） 色鉛筆

作業 塗る、描く

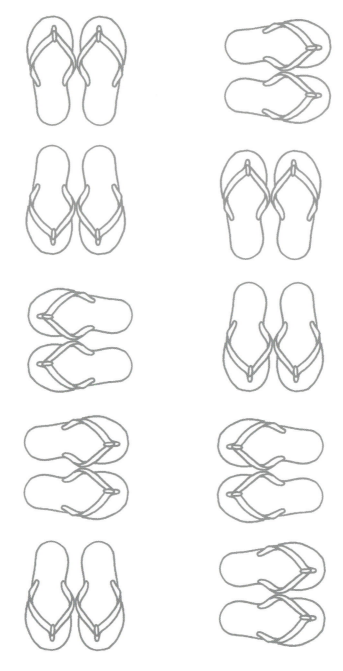

- **●導入・指示の言葉掛け**　サンダルがたくさん。でも、向きがバラバラだね。上向きはどれとどれ？

  ＊右と上を向いているサンダルを赤色に塗りましょう。

- **●その他の工夫**　下向きはどれ？　左向きはどれ？　下と左を向いているサンダルを青色に塗りましょう。

- **●子どもが楽しくなる工夫**　海に行くときはどんな形や色のサンダルがいいかな？別の紙に自分でサンダルを描いてみましょう。（難しい場合は大人が描いてもいいです。）好きな色を塗ってオリジナルのサンダルにしよう。

㉘ レッスン5 様々な方向 （様々な方向の概念理解と確認）

いろいろな ほうこう（ロケット） 色鉛筆

作業 ○で囲む、指さし

- ●導入・指示の言葉掛け　ロケットに乗って宇宙旅行に行くよ。上向きがお月さま行きで、左向きが火星行きです。どれか分かるかな？

    ＊左と上に向かって飛んでいるロケットを赤色の○で囲みましょう。

- ●その他の工夫　右と下に向かって飛んでいるロケットを青色の○で囲みましょう。

- ●子どもが楽しくなる工夫　斜めになっているロケットはどれかな？　見付かったら指をさしましょう。そのロケットはどこ行きかな？　行き先を考えてみましょう。

㉙ **レッスン5　様々な方向**　（様々な方向の概念理解と確認）

いろいろな　ほうこう（煙突のある家） 色鉛筆

作業　○で囲む、塗る

- **導入・指示の言葉掛け**　たくさん家が並んでいます。どこが違うかな？　煙突の位置と煙の向きに注目。

　＊煙突が右にある家を○で囲みましょう。
　＊右に流れている煙に好きな色を塗りましょう。

- **その他の工夫**　左の方向に流れている煙に他の色を塗りましょう。

- **子どもが楽しくなる工夫**　家のまわりにステキなお庭を描いてみましょう。

㉚ レッスン5　様々な方向　（様々な方向の概念理解と確認）

いろいろな　ほうこう（クマと蜂蜜ポット） 色鉛筆

作業 ▶ 指さし、塗る

- ●導入・指示の言葉掛け　クマさんの蜂蜜ポットはどこにありますか？順番に答えてね。（指でさしながら言ってみるなど。）

    ＊クマさんの右にある蜂蜜ポットを黄色に塗りましょう。

- ●その他の工夫　前と違う場所にある蜂蜜ポットを好きな色で塗りましょう。

- ●子どもが楽しくなる工夫　ポットや他の物（例：ぬいぐるみ）を子どもの前、後ろ、左、右のいずれかに置いて子どもにどの方向にあるか聞いてみましょう。

31 レッスン5 様々な方向 （様々な方向の概念理解と確認）

いろいろな　ほうこう（形かたち） 色鉛筆

作業　○で囲む、塗る、描く

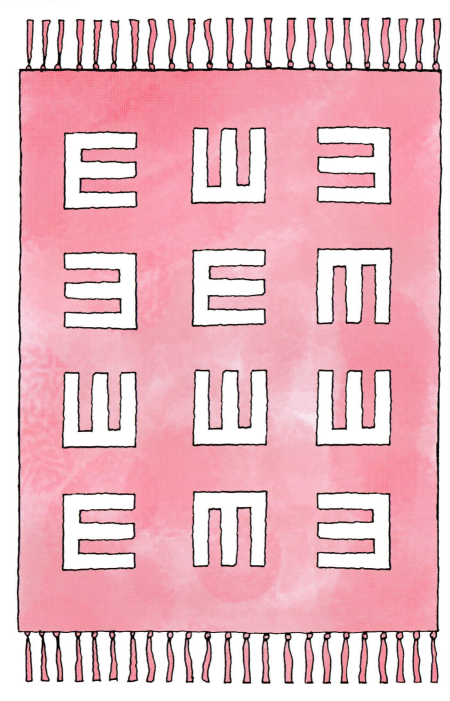

● **導入・指示の言葉掛け**　布に模様が描かれているね。この模様、開いている方向があるね。右と下を向いて開いている形を探してね。（開いている位置がヒントです。）

＊右と下に開いている「E」の形を見付けて○で囲みましょう。

● **その他の工夫**　左と上に開いている「E」の形を見付けて黄色に塗ってみましょう。

● **子どもが楽しくなる工夫**　別の紙に自分で四つ「E」の形を描いてみましょう。（①右、②下、③左、④上に開いている。）できましたか？　大人と一緒に確認しましょう。

32 レッスン5 様々な方向 （様々な方向の概念理解と確認）

いろいろな　ほうこう（形(かたち)）　色鉛筆

作業 塗る、描く

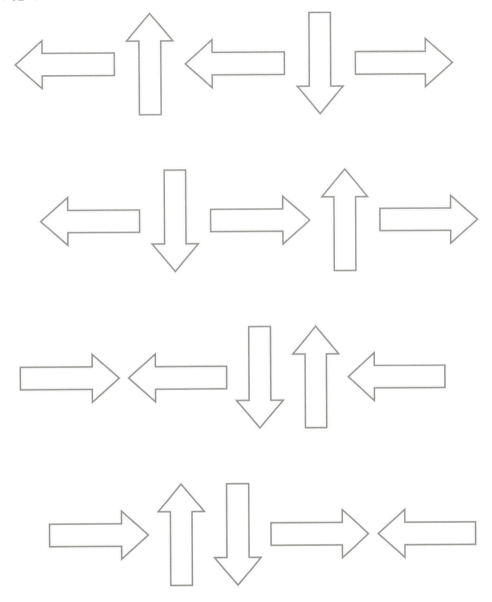

- **導入・指示の言葉掛け**　いろいろな方向の矢印があります。上と右を向いている矢印を探してね。

  ＊上を向いている矢印を赤色に塗りましょう。
  ＊右を向いている矢印を青色に塗りましょう。

- **その他の工夫**　下を向いている矢印を黒色に塗りましょう。左を向いている矢印を緑色に塗りましょう。

- **子どもが楽しくなる工夫**　別の紙に自分で矢印を描いてみましょう。矢印の絵を使ってゲームをしましょう。一人が矢印の絵で四つの方向（右、下、左、上）を示し、相手に動く方向を指示します。（例：上＝ジャンプ、下＝しゃがむ、右＝右回転、左＝左回転。）

解説 レッスン6

空間認知について

ねらい

レッスン6は、空間認知についての理解と確認を問うものです。自分と描画を比べて絵の人物から見た前・後ろ・右・左にある物を理解することがねらいです。このワークでは、視点が違う二つの設問で空間認知についての理解を深めます。

発達の目安・指導のポイント

年齢の目安	課題	指導のポイント
4歳〜	㉝	人物が、課題に取り組む子どもと向かい合う形で描かれています。人物の側から見た前・後ろ・右・左にいる動物を、指さしや言葉のやり取りで答える課題です。動物を隠して記憶ゲームのようにしても楽しめます。
4歳〜	㉞	人物が、課題に取り組む子どもと同じ方向で描かれています。課題㉝と視点が違っています。視点が変わっても、同じように前・後ろ・右・左の方向を認識できるかがポイントです。

※年齢は典型発達においてできるようになる目安です。これより遅くなる子どももいます。

33 レッスン6 空間認知 (自分と周りの空間との区別の理解)

じぶんと くらべての くうかん（生き物）

作業 言葉のやり取り

● **導入・指示の言葉掛け** 真ん中に女の子がいますね。いろいろな動物たちが囲んでいます。女の子の後ろにいる動物は何？

＊女の子の後ろには何がいますか？　＊女の子の右には何がいますか？
＊女の子の左には何がいますか？　＊女の子の前には何がいますか？

● **その他の工夫** 動物の鳴き声や動きをまねして答えてね。

● **子どもが楽しくなる工夫** しばらく絵を見せた後、動物だけを隠してから質問してみましょう。

34 レッスン6　空間認知　（自分と周りの空間との区別の理解）

じぶんと くらべての くうかん（室内・物）

作業 言葉のやり取り、指さし

- **導入・指示の言葉掛け**　家の中に男の子がいます。いろいろな物が置いてあります。男の子の後ろには何がある？

  ＊男の子（あなた）は今どこにいますか？　　＊男の子の後ろには何がありますか？
  ＊男の子の右には何がありますか？　　　　　＊男の子の左には何がありますか？
  ＊男の子の上には何がありますか？　　　　　＊男の子の前には何がありますか？

- **その他の工夫**　「これは何をする道具かな？」などと、具体的に説明しながら進めましょう。

- **子どもが楽しくなる工夫**　最初に一つずつ指さしながら物の名前を言ってから進めましょう。

ねらい

レッスン7は、平面（2次元）の絵の表現から立体（3次元）を想像する力を確認し、その能力を育てることをねらいとします。このワークでは絵の表現を積み木で再現したり、指示に従って色を塗ったり、平面と数字で表現された図を積み木で再現します。絵の表現にも投影図で描かれたもの、平面図と投影図で描かれたもの、平面図と数字で表現されたものがあります。どこから見た図なのかを理解し、積み木で再現することは、空間概念の理解を深めます。

発達の目安・指導のポイント

年齢の目安	課題	指導のポイント
3歳〜	㉟〜㊱	絵の表現を積み木で再現します。前もって絵と同じような形の積み木を必要な数用意してください。
4歳〜	㊲〜㊴	課題㊲は絵の表現から立体を想像して、指示された形に色を塗る課題です。 課題㊳は絵の表現を積み木で再現します。課題㉟〜㊱と比べて積み木の数が増え、形も複雑になっています。 課題㊴では平面図と投影図で描かれた積み木を再現します。積み木を用いる課題は、前もって絵と同じような積み木を必要な数用意してください。
4歳〜	㊵A〜㊶	平面図と積み木の数から積み木で立体を再現する課題です。表記されている数は1〜3までです。サイコロ型の積み木を必要な数用意してください。
5歳〜	㊷	平面図と積み木の数から積み木で立体を再現する課題です。表記されている数は1〜4までです。サイコロ型の積み木を必要な数用意してください。

※年齢は典型発達においてできるようになる目安です。これより遅くなる子どももいます。

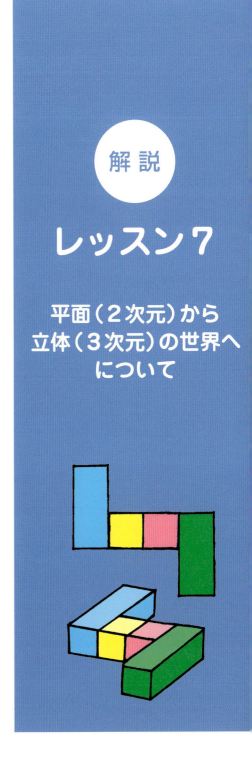

解説

レッスン7

平面（2次元）から立体（3次元）の世界へについて

35 レッスン7　平面（2次元）から立体（3次元）の世界へ (2Dから3D空間の世界への想像と理解)

つみき　あそび（初級） クレヨン 色鉛筆

作業 積み木、塗る

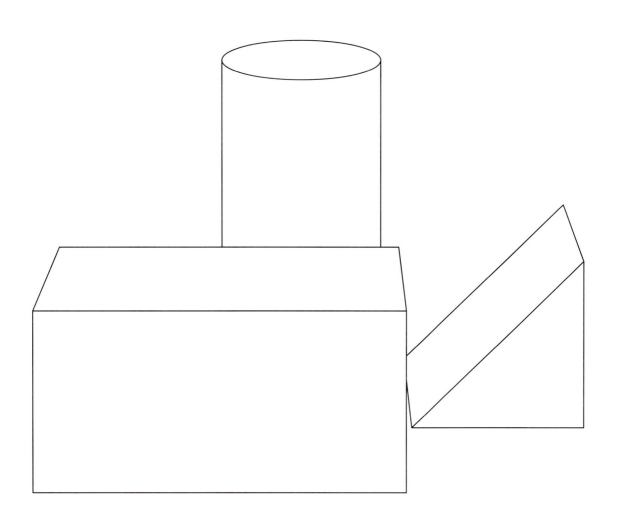

- **導入・指示の言葉掛け**　この絵と同じような形の積み木を探して、絵と同じように置けるかな？

　＊積み木を絵と同じように置きましょう。

- **その他の工夫**　しばらく絵を見た後、絵を見ずに並べてみましょう。

- **子どもが楽しくなる工夫**　前もって絵と同じ形の積み木を、人数分セットで用意しておきましょう。好きな色を塗って遊びましょう。

㊱ レッスン7　平面（2次元）から立体（3次元）の世界へ　（2Dから3D空間の世界への想像と理解）

つみき　あそび（初級）

作業 積み木、塗る

- **●導入・指示の言葉掛け**　この絵と同じような形の積み木を探して、絵と同じように置けるかな？

　＊積み木を絵と同じように置きましょう。
　＊サイコロの形（立方体）の積み木を青色に塗りましょう。
　＊青色に塗った積み木はいくつありますか？
　＊右側にあるサイコロの形（立方体）の積み木の下にある積み木を赤色に塗りましょう。
　＊真ん中にある筒形（円筒形）の積み木を黄色に塗りましょう。

- **●その他の工夫**　しばらく絵を見た後、絵を見ずに並べてみましょう。

- **●子どもが楽しくなる工夫**　前もって絵と同じ形の積み木を、人数分セットで用意しておきましょう。好きな色を塗って遊びましょう。

37 レッスン7　平面（2次元）から立体（3次元）の世界へ　(2Dから3D空間の世界への想像と理解)

つみき　あそび（中級） 色鉛筆

作業 積み木、塗る

- **導入・指示の言葉掛け**　いろいろな積み木があります。サイコロの形はどれか分かるかな？

   ＊三角の積み木はいくつありますか？
   ＊一番左にある三角の積み木を赤色に塗りましょう。
   ＊二つ積んだサイコロの形（立方体）の積み木の右にある三角の積み木を青色に塗りましょう。

- **その他の工夫**　まだ色を塗ってない積み木がありますか？　全て好きな色で塗ってみましょう。

- **子どもが楽しくなる工夫**　実際に絵と同じように積み木を並べて、やってみましょう。

㊳ レッスン7　平面（2次元）から立体（3次元）の世界へ　（2Dから3D空間の世界への想像と理解）

つみき　あそび（上級） 色鉛筆

作業　積み木、塗る

- ●導入・指示の言葉掛け　この絵と同じような形の積み木を探して、絵と同じように置けるかな？

    ＊積み木を絵と同じように置きましょう。

- ●その他の工夫　しばらく絵を見た後、絵を見ずに並べてみましょう。

- ●子どもが楽しくなる工夫　前もって絵と同じ形の積み木を、人数分セットで用意しておきましょう。好きな色を塗って遊びましょう。

㉟ レッスン7　平面（2次元）から立体（3次元）の世界へ　（2Dから3D空間の世界への想像と理解）

つみき あそび（初級）

作業 積み木、塗る

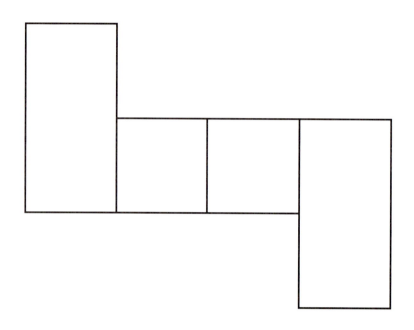

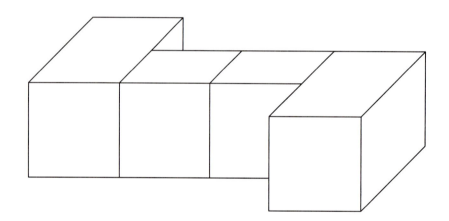

- **導入・指示の言葉掛け**　この絵と同じような形の積み木を探して、絵と同じように置けるかな？

    ＊積み木で絵と同じような形を作りましょう。

- **その他の工夫**　しばらく絵を見た後、絵を見ずに並べてみましょう。

- **子どもが楽しくなる工夫**　前もって絵と同じ形の積み木を、人数分セットで用意しておきましょう。好きな色を塗って遊びましょう。

40🅐 レッスン7　平面（2次元）から立体（3次元）の世界へ　（2Dから3D空間の世界への想像と理解）

つみき　あそび（中級）　色鉛筆

作業 積み木、塗る

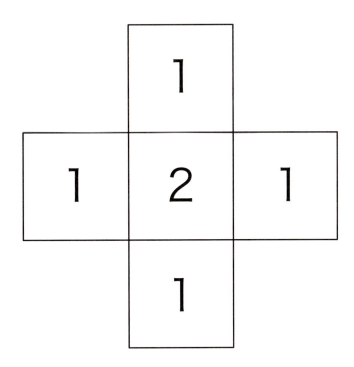

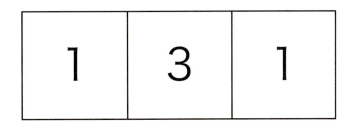

- **●導入・指示の言葉掛け**　サイコロの形の積み木を使って、絵の形を作ります。数字の1の所は積み木を1個、2の所は2個……と、重ねて置きましょう。

  ＊絵から考えて、積み木を並べたり積んだりしましょう。
  ＊四角の中の数字と同じ数の積み木を重ねて置きましょう。

  例： 2 =

- **●その他の工夫**　右の完成図をチラッと見せてヒントにしましょう。2回目以降はヒントの回数を制限します。

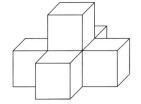

- **●子どもが楽しくなる工夫**　友達と一緒に相談しながら作ってもいいでしょう。好きな色を塗って遊びましょう。

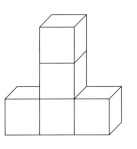

40B レッスン7 平面（2次元）から立体（3次元）の世界へ （2Dから3D空間の世界への想像と理解）

つみき あそび（中級） 色鉛筆

作業 積み木、塗る

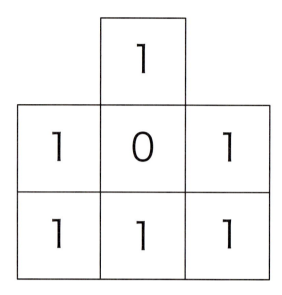

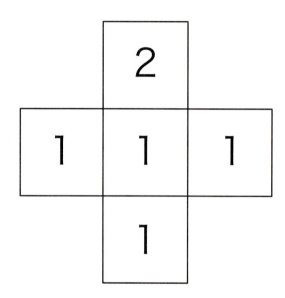

- **導入・指示の言葉掛け** サイコロの形の積み木を使って、絵の形を作ります。数字の1の所は積み木を1個、2の所は2個……と、重ねて置きましょう。

  ＊絵から考えて、積み木を並べたり積んだりしましょう。
  ＊四角の中の数字と同じ数の積み木を重ねて置きましょう。

  例： 2 =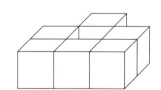

- **その他の工夫** 右の完成図をチラッと見せてヒントにしましょう。2回目以降はヒントの回数を制限します。

- **子どもが楽しくなる工夫** 友達と一緒に相談しながら作ってもいいでしょう。好きな色を塗って遊びましょう。

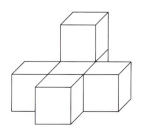

㊶ レッスン7　平面（2次元）から立体（3次元）の世界へ　(2Dから3D空間の世界への想像と理解)

つみき　あそび（上級）色鉛筆

作業 積み木、塗る

	1	2	3
		1	2
			1

- **●導入・指示の言葉掛け**　サイコロの形の積み木を使って、絵の形を作ります。数字の1の所は積み木を1個、2の所は2個……と、重ねて置きましょう。

  ＊絵から考えて、積み木を並べたり積んだりしましょう。
  ＊四角の中の数字と同じ数の積み木を重ねて置きましょう。

  例： 2 =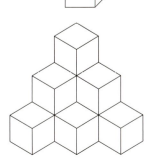

- **●その他の工夫**　右の完成図をチラッと見せてヒントにしましょう。2回目以降はヒントの回数を制限します。

- **●子どもが楽しくなる工夫**　友達と一緒に相談しながら作ってもいいでしょう。好きな色を塗って遊びましょう。

㊷ レッスン7　平面（2次元）から立体（3次元）の世界へ　（2Dから3D空間の世界への想像と理解）

つみき　あそび（上級）　色鉛筆

作業 積み木、塗る

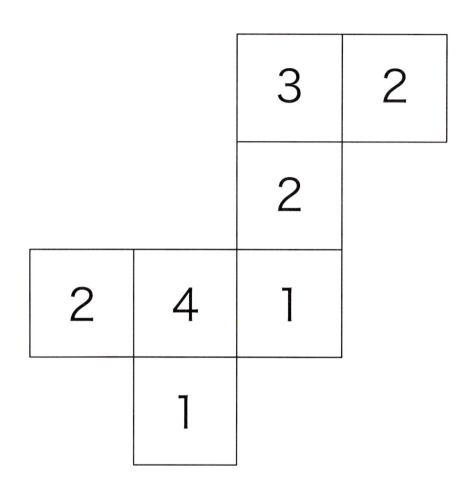

- **●導入・指示の言葉掛け**　サイコロの形の積み木を使って、絵の形を作ります。数字の1の所は積み木を1個、2の所は2個……と、重ねて置きましょう。

　＊絵から考えて、積み木を並べたり積んだりしましょう。
　＊四角の中の数字と同じ数の積み木を重ねて置きましょう。

　例： 2 ＝

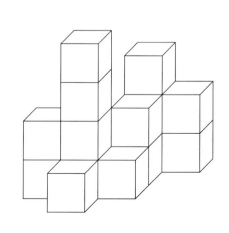

- **●その他の工夫**　右の完成図をチラッと見せてヒントにしましょう。2回目以降はヒントの回数を制限します。

- **●子どもが楽しくなる工夫**　友達と一緒に相談しながら作ってもいいでしょう。好きな色を塗って遊びましょう。

ねらい

　レッスン8は、移動方向の概念、移動方向と逆方向の概念についての理解と確認を問うものです。このワークでは、基準となる物に近づく・離れる、左から右、右から左、上から下、下から上の方向についての理解を深めます。

発達の目安・指導のポイント

年齢の目安	課題	指導のポイント
3歳～	㊸～㊹	基準となる物に近づく・離れる、上から下・下から上に動いていく物について、指示された方向に動いている物に色を塗る課題です。
4歳～	㊺～㊻	上下左右の方向に動く物を囲んだり、色を塗ったりする課題です。囲む形がこれまでのレッスンとは異なり、丸だけでなく四角や三角で囲む指示がされています。集中して取り組むことが重要です。

※年齢は典型発達においてできるようになる目安です。これより遅くなる子どももいます。

解 説

レッスン8

移動方向について

㊸ レッスン8 移動方向 （左から右・右から左方向、上から下・下から上方向）移動方向と逆方向の概念理解と確認

うごく ほうこう(1) 色鉛筆

作業 塗る、描く

- **導入・指示の言葉掛け**　カタツムリがお散歩しています。アジサイから離れて右の方向へ行くカタツムリはどれかな？

　＊アジサイに近づいていく（右→左方向）カタツムリを黄色に塗りましょう。

- **その他の工夫**　アジサイから離れていく（左→右方向）カタツムリを茶色に塗りましょう。

- **子どもが楽しくなる工夫**　別の紙に自分でカタツムリを描いてみましょう。（難しい場合は大人が描いてもいいです。）大人はカタツムリの絵を貼って、子どもに質問しましょう。カタツムリはどこからどこへ行くのかな？

㊹ レッスン8　移動方向 （左から右・右から左方向、上から下・下から上方向）移動方向と逆方向の概念理解と確認

うごく　ほうこう(2) 色鉛筆

作業 塗る、描く

- ●**導入・指示の言葉掛け**　カタツムリはどこに行こうとしているのかな？　下に向かっているカタツムリは何匹？

  ＊上から下に動いているカタツムリを黄色に塗りましょう。

- ●**その他の工夫**　下から上に動いているカタツムリを茶色に塗りましょう。

- ●**子どもが楽しくなる工夫**　別の紙に自分の好きな虫や動物を描いてみましょう。72ページのカタツムリの絵と同じように、大人は子どもが描いた絵を貼って遊びましょう。

㊺ レッスン8 移動方向 （左から右・右から左方向、上から下・下から上方向）移動方向と逆方向の概念理解と確認

うごく ほうこう(3) 色鉛筆

作業　〇□△で囲む、指さし

● **導入・指示の言葉掛け**　水族館の水槽でたくさんの魚が泳いでいます。よく見るといろいろな方向へ泳いでいるね。

　＊左から右の方向に泳いでいる魚を丸で囲みましょう。
　＊右から左の方向に泳いでいる魚を四角で囲みましょう。
　＊下から上の方向に泳いでいる魚を三角で囲みましょう。

● **その他の工夫**　斜めに泳いでいるのはどれか、指でさしてみましょう。見付かったら〇で囲みましょう。

● **子どもが楽しくなる工夫**　深い所にいる魚から順番に指でさしてみましょう。

㊻ レッスン8 移動方向 （左から右・右から左方向、上から下・下から上方向）移動方向と逆方向の概念理解と確認

うごく　ほうこう(4) 色鉛筆

作業　塗る、指さし

● **導入・指示の言葉掛け**　鳥が元気に飛んでいます。右から左に向かって飛んでいる鳥はどれかな？

　＊右から左の方向に飛んでいる鳥を茶色に塗りましょう。
　＊左から右の方向に飛んでいる鳥を緑色に塗りましょう。

● **その他の工夫**　上から下の方向に飛んでいる鳥を黄色に塗りましょう。下から上の方向に飛んでいる鳥を赤色に塗りましょう。

● **子どもが楽しくなる工夫**　高い所を飛んでいる鳥から順に指でさしてみましょう。

解説 レッスン9

視覚の認知について

ねらい

レッスン9は、色・形や大きさなどの概念についての理解と確認を問うものです。このワークでは、形だけに着目したり、色と形の両方に着目したり、複雑な形の中から特定の形を抽出したり、大きさと形に着目したりすることで、丸・三角形・四角形・大きい・小さいなどの概念についての理解を深めます。

発達の目安・指導のポイント

年齢の目安	課題	指導のポイント
4歳～	㊼～㊾	丸い形を理解・確認する課題です。指さしたり、なぞったりすることにより、丸い形の理解を深めます。 課題㊾では丸い形と四角い形の違いを理解します。
4歳～	㊿～52	四角形を理解・確認する課題です。指さしたり、なぞったり、色を塗ったりすることにより、四角形の理解を深めます。 課題52では丸い形と四角い形の違いを理解します。
4歳～	53～55	三角形を理解・確認する課題です。指さしたり、なぞったり、色を塗ったりすることにより、三角形の理解を深めます。 課題54は、大きさの理解も含まれます。
4歳～	56～57	丸・三角形・四角形の様々な形を問う課題です。細かい図形も含まれているため、集中して取り組む必要があります。
4歳～	58～61	具体的な様々な形の中から、同じ形の物を選ぶ課題です。大きさが違う同じ形の物や同じ形の影を選び、同じ形同士を線でつなげます。

※年齢は典型発達においてできるようになる目安です。これより遅くなる子どももいます。

㊼ レッスン9　視覚の認知 （形、色、大きさなどの概念理解と確認）

まるの　かたちを　さがそう(1)

作業 指でなぞる

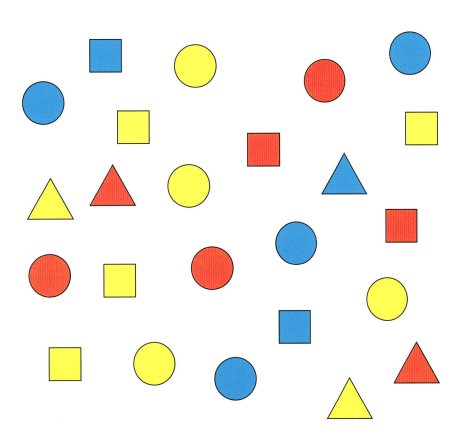

- ●**導入・指示の言葉掛け**　絵の中に丸や四角や三角が混ざっています。丸い形を見付けられるかな？

    ＊丸い形を全て見付けて、数えながら指でなぞりましょう。
    ＊赤い丸を全て見付けて、数えながら指でなぞりましょう。
    ＊青い丸を全て見付けて、数えながら指でなぞりましょう。
    ＊黄色い丸を全て見付けて、数えながら指でなぞりましょう。

- ●**その他の工夫**　右から左、上から下と、順番に移動していくと数えやすいと気付けるようにしましょう。

- ●**子どもが楽しくなる工夫**　「ひとつ、ふたつ」と、大人も一緒にゆっくり数えながら進めましょう。

48 レッスン9　視覚の認知 (形、色、大きさなどの概念理解と確認)

まるの　かたちを　さがそう(2) 色鉛筆 カラーペン

作業 指さし、筆記具でなぞる

- **導入・指示の言葉掛け**　絵の中に丸が隠れています。見付けられるかな？

  ＊絵の中にある丸い形を全て見付けて指でさしてみましょう。

- **その他の工夫**　絵の中にある丸い形を全て見付けて赤色でなぞりましょう。

- **子どもが楽しくなる工夫**　なぞっているときに「これは何？」と、物や部分の名前を聞いてみましょう。

㊾ レッスン9　視覚の認知 （形、色、大きさなどの概念理解と確認）

まるや　しかくの　かたちを　さがそう

作業　筆記具でなぞる

- ●導入・指示の言葉掛け　絵の中に丸や四角が隠れています。見付けられるかな？

   ＊丸い形を見付けて赤色でなぞりましょう。

- ●その他の工夫　四角い形を見付けて好きな色でなぞりましょう。

- ●子どもが楽しくなる工夫　なぞっているときに「これは何？」と、物や部分の名前を聞いてみましょう。

⑤ レッスン9 視覚の認知 （形、色、大きさなどの概念理解と確認）

しかくの　かたちを　さがそう⑴

作業 指でなぞる

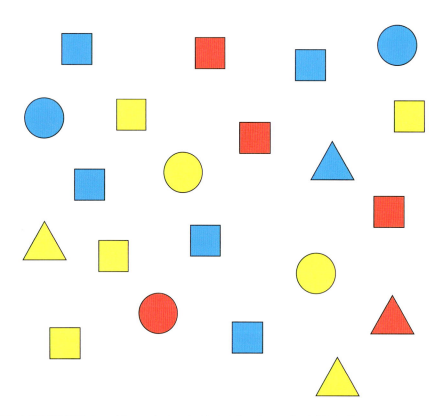

● **導入・指示の言葉掛け**　絵の中に丸や四角や三角が混ざっています。四角い形を見付けられるかな？

＊四角い形を全て見付けて、数えながら指でなぞりましょう。
＊赤い四角を全て見付けて、数えながら指でなぞりましょう。
＊青い四角を全て見付けて、数えながら指でなぞりましょう。
＊黄色い四角を全て見付けて、数えながら指でなぞりましょう。

● **その他の工夫**　右から左、上から下と、順番に移動していくと数えやすいと気付けるようにしましょう。

● **子どもが楽しくなる工夫**　「ひとつ、ふたつ」と、大人も一緒にゆっくり数えながら進めましょう。

51 レッスン9 視覚の認知 （形、色、大きさなどの概念理解と確認）

しかくの かたちを さがそう(2) 色鉛筆 カラーペン

作業 指さし、筆記具でなぞる、塗る

● **導入・指示の言葉掛け**　絵の中に四角が隠れています。見付けられるかな？

　＊四角の形を全て見付けて指をさしてみましょう。
　＊真四角と長四角を別々に数えてみましょう。

● **その他の工夫**　四角の形を全て見付けて青色でなぞりましょう。

● **子どもが楽しくなる工夫**　三角は黄色、丸は赤色など、形ごとに色を決めて塗ってみましょう。

52　レッスン9　視覚の認知（形、色、大きさなどの概念理解と確認）

しかくや　まるの　かたちを　さがそう　色鉛筆 カラーペン

作業　筆記具でなぞる

- ●導入・指示の言葉掛け　絵の中に四角や丸が隠れています。見付けられるかな？

  ＊絵の中にある四角い形を見付けて青色でなぞりましょう。

- ●その他の工夫　絵の中にある丸い形を見付けて好きな色でなぞりましょう。

- ●子どもが楽しくなる工夫　なぞっているときに「これは何？」と、物や部分の名前を聞いてみましょう。

53 レッスン9 視覚の認知 （形、色、大きさなどの概念理解と確認）

さんかくの　かたちを　さがそう⑴

作業 指でなぞる

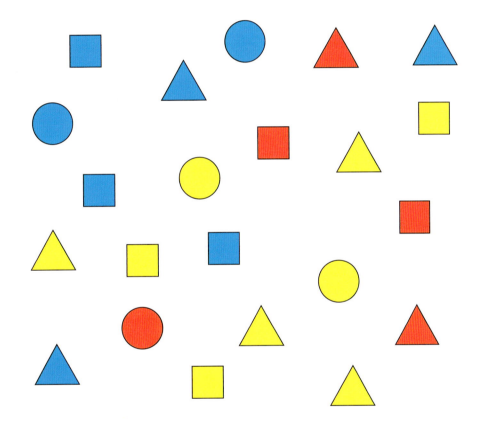

- ●**導入・指示の言葉掛け**　絵の中に丸や四角や三角が混ざっています。三角の形を見付けられるかな？

  ＊三角の形を全て見付けて、数えながら指でなぞりましょう。
  ＊赤い三角を全て見付けて、数えながら指でなぞりましょう。
  ＊青い三角を全て見付けて、数えながら指でなぞりましょう。
  ＊黄色い三角を全て見付けて、数えながら指でなぞりましょう。

- ●**その他の工夫**　右から左、上から下と、順番に移動していくと数えやすいと気付けるようにしましょう。

- ●**子どもが楽しくなる工夫**　「ひとつ、ふたつ」と、大人も一緒にゆっくり数えながら進めましょう。

54 レッスン9　視覚の認知 （形、色、大きさなどの概念理解と確認）

さんかくの　かたちを　さがそう(2)　色鉛筆　カラーペン

作業 筆記具でなぞる、塗る、指さし

- ●**導入・指示の言葉掛け**　絵の中に三角が隠れています。見付けられるかな？

  ＊三角の形を全て見付けてピンク色でなぞりましょう。
  ＊一番大きい三角の中を緑色に塗りましょう。
  ＊一番小さい三角の中を赤色に塗りましょう。

- ●**その他の工夫**　絵の中にある四角い形を見付けて青色でなぞりましょう。

- ●**子どもが楽しくなる工夫**　三角の中を全て赤色で塗ってみましょう。丸の中を青色で塗ってみましょう。まだ塗ってない形はなんでしょうか？　全て見付けて指でさしてみましょう。

55 レッスン9 視覚の認知 （形、色、大きさなどの概念理解と確認）

さんかくの　かたちを　さがそう(3)

作業 塗る、なぞる

- **導入・指示の言葉掛け**　絵の中に三角が隠れています。見付けられるかな？

    ＊絵の中にある三角の形を見付けましょう。
    ＊絵の中にある三角の形を青色に塗りましょう。
    　（三角の形が重なる所を筆記具でなぞりましょう）

- **その他の工夫**　三角以外のまだ塗っていない部分を好きな色で塗ってみましょう。

- **子どもが楽しくなる工夫**　見付けたり塗ったりしているときに「これは何？」と、物や部分の名前を聞いてみましょう。

56 レッスン9　視覚の認知 （形、色、大きさなどの概念理解と確認）

いろいろな　かたちを　さがそう⑴ 色鉛筆 カラーペン

作業▶ 筆記具でなぞる、塗る

- ●導入・指示の言葉掛け　絵の中に四角が隠れています。見付けられるかな？

    ＊絵の中にある四角の形を見付けて好きな色でなぞりましょう。

- ●その他の工夫　絵の中にある丸の形を見付けて黄色で塗ってみましょう。まだ塗ってない部分や形を好きな色で塗ってみましょう。

- ●子どもが楽しくなる工夫　なぞっているときに「これは何？」と、物や部分の名前を言いあいっこしてみましょう。

57 レッスン9 視覚の認知 （形、色、大きさなどの概念理解と確認）

いろいろな　かたちを　さがそう(2) 色鉛筆 カラーペン

作業　筆記具でなぞる、塗る

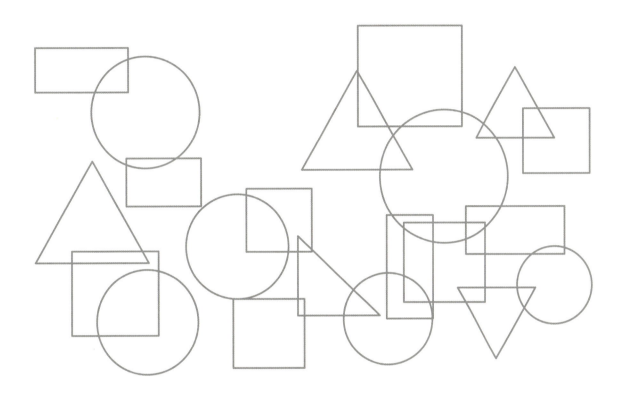

- ●導入・指示の言葉掛け　不思議な絵だね。丸・三角・四角、いろいろな形が重なっています。形を見付けられるかな？

    ＊丸い形を見付けて青色でなぞりましょう。
    ＊四角い形を見付けて緑色でなぞりましょう。

- ●その他の工夫　三角の形を見付けて赤色でなぞりましょう。

- ●子どもが楽しくなる工夫　四角は赤色、丸は青色、三角は黄色で塗ってみましょう。色が重なる所は何色に見えるかな？

58 レッスン9 視覚の認知 （形、色、大きさなどの概念理解と確認）

おなじ　かたちを　さがそう⑴ 色鉛筆

作業　描く、塗る、指さし

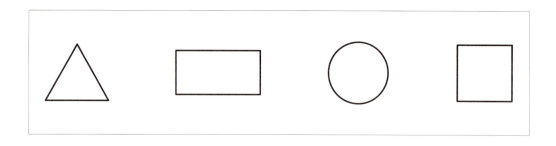

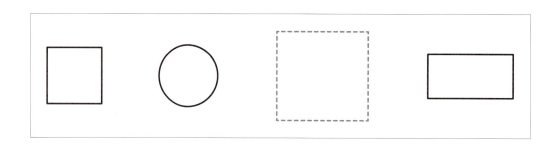

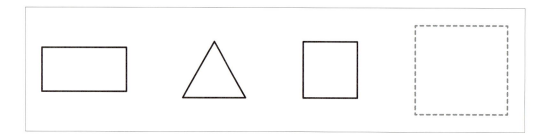

- ●導入・指示の言葉掛け　一番上の囲んだ所にある四つの形をよく見てね。下の囲んだ二つの所には、三つの形しかないよね。一番上の囲んだ所と同じ四つの形になるように、下の囲んだ二つの所の点線内に、それぞれ足りない形を描きましょう。

- ●その他の工夫　三角は赤、丸は青など、形ごとに色を変えて塗っていくと、見分けやすくなります。

- ●子どもが楽しくなる工夫　三角や丸を一つずつ指さして確認しながら進めましょう。

レッスン9　視覚の認知 （形、色、大きさなどの概念理解と確認）

おなじ　かたちを　さがそう(2) 色鉛筆

作業 指さし、線でつなぐ、塗る

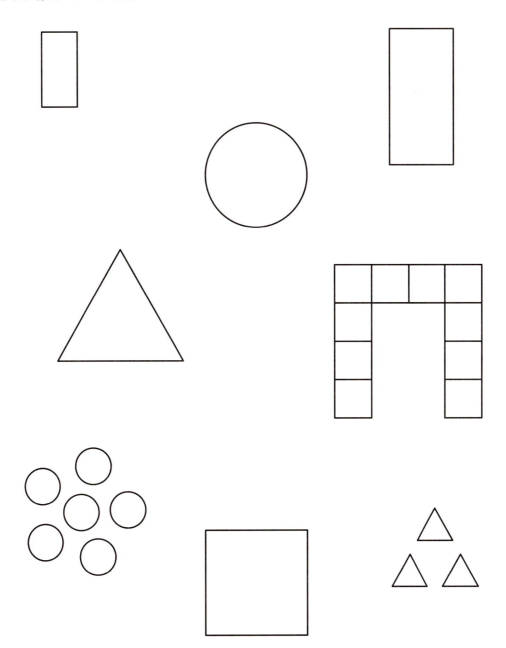

● **導入・指示の言葉掛け** 　（指さしながら）丸と丸、三角と三角、大きさや組み合わせ方は違うけれど、形は同じだね。

＊大きさの違う同じ形のものを探しましょう。
＊同じ形のものを線でつなぎましょう。

● **その他の工夫** 　同じ形ごとに分けて好きな色を塗りましょう。

● **子どもが楽しくなる工夫** 　大人が「三角はどれ？」「丸はどこにある？」と、一つずつ確認しながら進めましょう。

59B レッスン9 視覚の認知 （形、色、大きさなどの概念理解と確認）

おなじ　かたちを　さがそう(3) 色鉛筆

作業 ▶ 指さし、線でつなぐ、塗る

● **導入・指示の言葉掛け**　（指さしながら）丸と丸、三角と三角、大きさや組み合わせ方は違うけれど、形は同じだね。

＊大きさの違う同じ形のものを探しましょう。
＊同じ形のものを線でつなぎましょう。

● **その他の工夫**　同じ形ごとに分けて好きな色を塗りましょう。

● **子どもが楽しくなる工夫**　大人が「三角はどれ？」「丸はどこにある？」と、一つずつ確認しながら進めましょう。

⑥⓪ レッスン9 視覚の認知 （形、色、大きさなどの概念理解と確認）

おなじ　かたちを　さがそう(4) 色鉛筆

作業 指さし、線でつなぐ

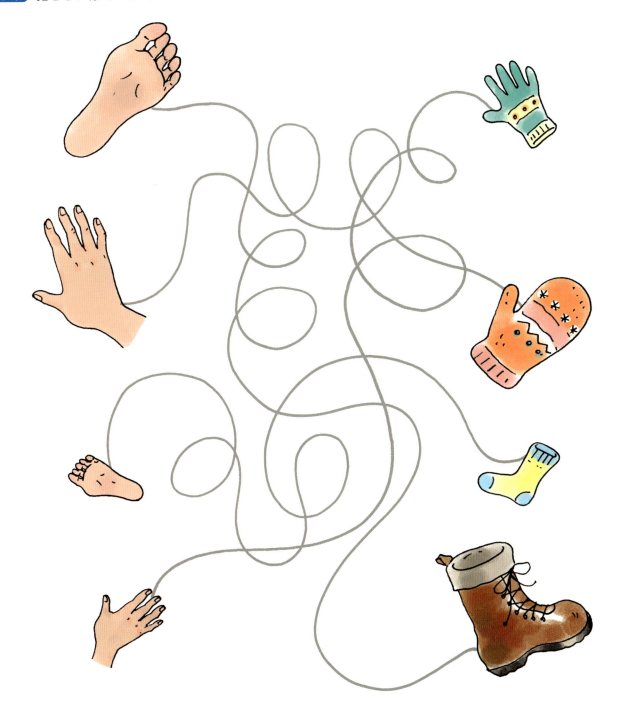

- **導入・指示の言葉掛け**　（指さしながら）この手の大きさに合う手袋はどれ？　この足の大きさに合う靴はどれ？

    ＊左の足や手の絵と大きさが合う、手袋や靴下や靴の絵を見付けて、線でつなぎましょう。

- **その他の工夫**　真っすぐな線でつないでみましょう。

- **子どもが楽しくなる工夫**　しばらく絵を見せた後、右側だけ隠して、どこにあったか当てっこしてみましょう。

61 レッスン9　視覚の認知 （形、色、大きさなどの概念理解と確認）

おなじ　かたちを　さがそう(5) 色鉛筆

作業 指さし、線でつなぐ

- **導入・指示の言葉掛け**　（指さしながら）クマさんの絵とその形の影、車の絵とその形の影、いろいろな物とその影を線でつないでいこう。

  ＊絵と同じ形の影を探しましょう。
  ＊絵と同じ形の影を線でつなぎましょう。

- **その他の工夫**　全部の線が交わらないようにつなげるかな？

- **子どもが楽しくなる工夫**　前もって大人が写しとった絵の部分をハサミで切り抜き、影にピッタリ重ねて見せてみましょう。

ねらい

レッスン10は、形や絵の視覚記憶力を確認し、その能力を育てることをねらいとします。このワークでは、形や絵を見て記憶し、同じ形や絵を描いたり、描き足したりしながら視覚記憶力を育てます。

発達の目安・指導のポイント

年齢の目安	課題	指導のポイント
4歳〜	62A〜67	図形を記憶して描く課題です。30秒間で記憶して、図形を順番どおり描きます。短期記憶を育てます。難しい場合は、繰り返し見たり、一つずつ描いたりしてもかまいません。 課題67は数字の記憶課題となっています。
4歳〜	68A〜68B	描画を見て、同じ仲間の物を描く課題です。日常生活で記憶されている物を描くため、長期記憶を育てる課題となります。

※年齢は典型発達においてできるようになる目安です。これより遅くなる子どももいます。

解説

レッスン10

視覚記憶力について

62A レッスン10 視覚記憶力

おなじ　かたちと　じゅんばん⑴

作業 記憶、描く

○ △

□ ○ □

□ △ ○

- **●導入・指示の言葉掛け**　左の囲んでいる所の形をよく見て（30秒くらい）覚えてね。今から隠すけれど、右の囲んでいる所に同じ形を順番どおりに描けるかな？

　＊左にあるのと同じ形を同じ順番で、右の空いている所に描きましょう。

- **●その他の工夫**　似ているような課題を大人と考えて作製しましょう。他の形を入れてもいいですが、数を増やさないでください。だんだん慣れてきたら、覚える時間を少しずつ短くしていきましょう。

- **●子どもが楽しくなる工夫**　難しい場合は、隠している所を繰り返して見たり、一つずつ描いたりしてもかまいません。見ながら描き写すということからでもよいでしょう。

62B レッスン10 視覚記憶力

おなじ　かたちと　じゅんばん(2)

作業▶ 記憶、描く

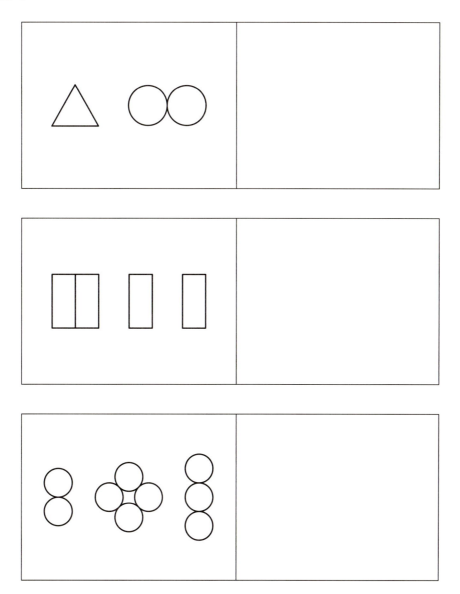

- **導入・指示の言葉掛け**　左の囲んでいる所の形をよく見て (30秒くらい) 覚えてね。くっついている所があるよ。今から隠すけれど、右の囲んでいる所に同じ形を順番どおりに描けるかな？

　＊左にあるのと同じ形を同じ順番で、右の空いている所に描きましょう。

- **その他の工夫**　似ているような課題を大人と考えて作製しましょう。他の形を入れてもいいですが、数を増やさないでください。だんだん慣れてきたら、覚える時間を少しずつ短くしていきましょう。

- **子どもが楽しくなる工夫**　難しい場合は、隠している所を繰り返して見たり、一つずつ描いたりしてもかまいません。見ながら描き写すということからでもよいでしょう。

63 レッスン10　視覚記憶力
おなじ　かたちと　じゅんばん(3)

作業▶記憶、描く

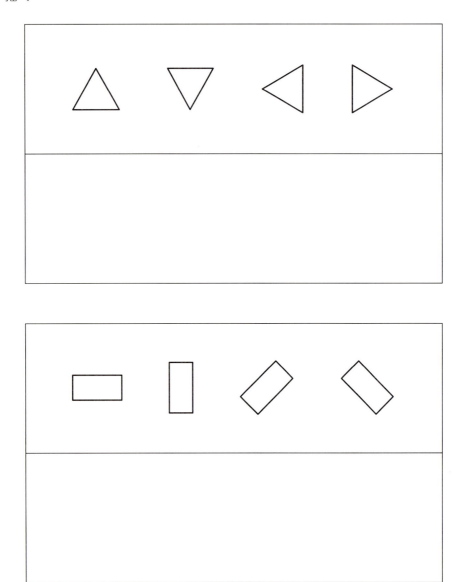

- **●導入・指示の言葉掛け**　上の囲んでいる所の形をよく見て（30秒くらい）覚えてね。三角や四角の向きがバラバラだよ。今から隠すけれど、下の囲んでいる所に同じ形を順番どおりに描けるかな？

    ＊上にあるのと同じ形を同じ順番で、下の空いている所に描きましょう。

- **●その他の工夫**　似ているような課題を大人と考えて作製しましょう。他の形を入れてもいいですが、数を増やさないでください。だんだん慣れてきたら、覚える時間を少しずつ短くしていきましょう。

- **●子どもが楽しくなる工夫**　難しい場合は、隠している所を繰り返して見たり、一つずつ描いたりしてもかまいません。見ながら描き写すということからでもよいでしょう。

㉞ レッスン10　視覚記憶力

おなじ　かたちと　じゅんばん(4)　色鉛筆　カラーペン

作業　記憶、描く

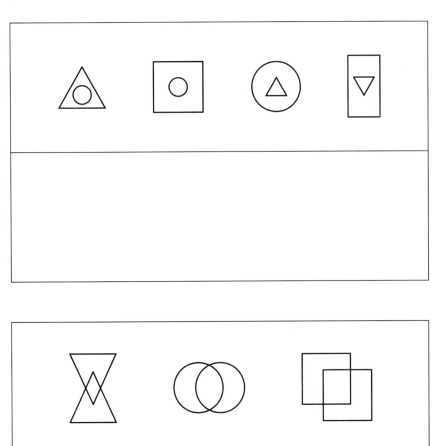

- **●導入・指示の言葉掛け**　上の囲んでいる所の形をよく見て（30秒くらい）覚えてね。大きな形の中に小さな形が重なっています。今から隠すけれど、下の囲んでいる所に同じ形を順番どおりに描けるかな？

  ＊上にあるのと同じ形を同じ順番で、下の空いている所に描きましょう。

- **●その他の工夫**　似ているような課題を大人と考えて作製しましょう。他の形を入れてもいいですが、数を増やさないでください。だんだん慣れてきたら、覚える時間を少しずつ短くしていきましょう。

- **●子どもが楽しくなる工夫**　難しい場合は、隠している所を繰り返して見たり、一つずつ描いたりしてもかまいません。見ながら描き写すということからでもよいでしょう。

65A レッスン10 視覚記憶力

おなじ　かたちと　じゅんばん(5)

作業 ▶ 記憶、描く

- ●**導入・指示の言葉掛け**　左の囲んでいる所の形をよく見て（30秒くらい）、向きに気を付けて覚えてね。今から隠すけれど、右の囲んでいる所に同じ形を順番どおりに描けるかな？

    ＊左にあるのと同じ形を同じ順番で、右の空いている所に描きましょう。

- ●**その他の工夫**　似ているような課題を大人と考えて作製しましょう。だんだん慣れてきたら、覚える時間を少しずつ短くしていきましょう。

- ●**子どもが楽しくなる工夫**　難しい場合は、隠している所を繰り返して見たり、一つずつ描いたりしてもかまいません。見ながら描き写すということからでもよいでしょう。

65B レッスン10 視覚記憶力

おなじ　かたちと　じゅんばん(6) 色鉛筆 カラーペン

作業 記憶、描く

∋ ∃ ∋ E	
E Ш E	
∋ ш ⅲ E	

- **導入・指示の言葉掛け**　左の囲んでいる所の形をよく見て（30秒くらい）、向きに気を付けて覚えてね。今から隠すけれど、右の囲んでいる所に同じ形を順番どおりに描けるかな？

　＊左にあるのと同じ形を同じ順番で、右の空いている所に描きましょう。

- **その他の工夫**　似ているような課題を大人と考えて作製しましょう。だんだん慣れてきたら、覚える時間を少しずつ短くしていきましょう。

- **子どもが楽しくなる工夫**　難しい場合は、隠している所を繰り返して見たり、一つずつ描いたりしてもかまいません。見ながら描き写すということからでもよいでしょう。

66 レッスン10 視覚記憶力

おなじ　かたちと　じゅんばん⑺

作業▶記憶、描く

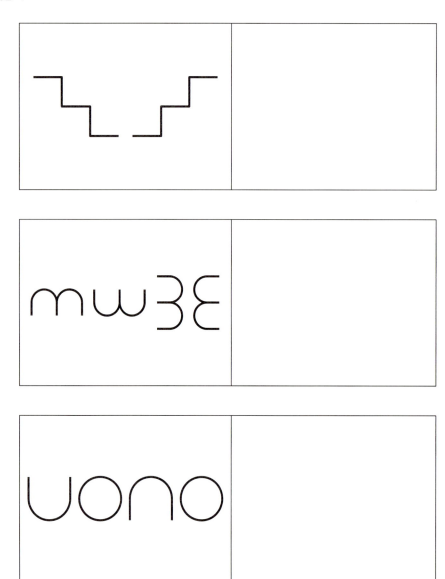

- **導入・指示の言葉掛け**　左の囲んでいる所の形をよく見て（30秒くらい）、向きに気を付けて覚えてね。今から隠すけれど、右の囲んでいる所に同じ形を順番どおりに描けるかな？

　＊左にあるのと同じ形を同じ順番で、右の空いている所に描きましょう。

- **その他の工夫**　似ているような課題を大人と考えて作製しましょう。だんだん慣れてきたら、覚える時間を少しずつ短くしていきましょう。

- **子どもが楽しくなる工夫**　難しい場合は、隠している所を繰り返して見たり、一つずつ描いたりしてもかまいません。見ながら描き写すということからでもよいでしょう。

67 レッスン10　視覚記憶力

つづきは　なにかな 色鉛筆 カラーペン

作業▶記憶、書く

```
1 2 3 4
```

```
2 3 4 5
```

```
9 8 7 6
```

- **導入・指示の言葉掛け**　左の囲んでいる所に、数字が並んでいるね。右の囲んでいる所に、左の続きを順番どおりに書けるかな？　数の順番、逆の順番、分かるかな？

- **その他の工夫**　似ているような課題を大人と考えて作製しましょう。だんだん慣れてきたら、覚える時間を少しずつ短くしていきましょう。

- **子どもが楽しくなる工夫**　難しい場合は、大人と一緒に声に出して、一つずつ書いていきましょう。見ながら書き写すということからでもよいでしょう。

68A レッスン10 視覚記憶力

おなじ なかまを かこう(1) 色鉛筆

作業 ▶ 記憶、描く

● 導入・指示の言葉掛け　（左の絵を指さしながら）この絵はどんな仲間かな？　（答え、椅子。）　下にもう一つ椅子の絵を描きましょう。（右の絵を指さしながら）この絵はどんな仲間かな？　（答え、野菜。）　下にもう一つ野菜の絵を描きましょう。

　＊上の枠の絵と同じ仲間の絵を下に描きましょう。

● その他の工夫　違う種類の椅子や野菜を描きましょう。

● 子どもが楽しくなる工夫　子どもが描く物を思い付かない場合は、「丸椅子」「ナス」など、ヒントを出しましょう。

68B レッスン10 視覚記憶力

おなじ なかまを かこう(2) 色鉛筆

作業 記憶、描く

- ●導入・指示の言葉掛け　（左の絵を指さしながら）この絵はどんな仲間かな？（答え、道具。）下にもう一つ道具の絵を描きましょう。（右の絵を指さしながら）この絵はどんな仲間かな？（答え、果物。）下にもう一つ果物の絵を描きましょう。

　＊上の枠の絵と同じ仲間の絵を下に描きましょう。

- ●その他の工夫　違う種類の道具や果物を描きましょう。

- ●子どもが楽しくなる工夫　子どもが描く物を思い付かない場合は、「クレヨン」「バナナ」など、ヒントを出しましょう。

解説

レッスン11

身体図式について

ねらい

レッスン11は､体の概念についての理解と確認を問うものです。このワークでは、自分や他人の体の位置や名前について理解し、記憶することが目的です。遊びながら、体の部分についての理解を深めます。子どもは自分の体の部分を理解することによって、他者を理解するようになるため、身体図式の理解は、社会性の基礎となる重要な要素です。

発達の目安・指導のポイント

年齢の目安	課題	指導のポイント
3歳〜	(69)A〜(70)B	男の子と女の子の体の部分の名前を指さしながら言ったり、身体部分に合う適切な洋服を選んだりします。
4歳〜	(71)〜(72)B	描画の足りない部分を足して描くことにより、その身体部分の理解を深めます。体と顔についての欠損描画です。
5歳〜	(73)A〜(74)C	右手・左手・右足・左足について、指示された物を指さしたり、囲んだりして理解を深めます。手だけ･足だけを見て右手（足）か左手（足）かを判断することは、子どもには難しい課題です。集中力を必要とします。

※年齢は典型発達においてできるようになる目安です。これより遅くなる子どももいます。

69A レッスン11 身体図式 （身体の概念理解と確認）

からだの ぶぶんの なまえ⑴

作業 指さし

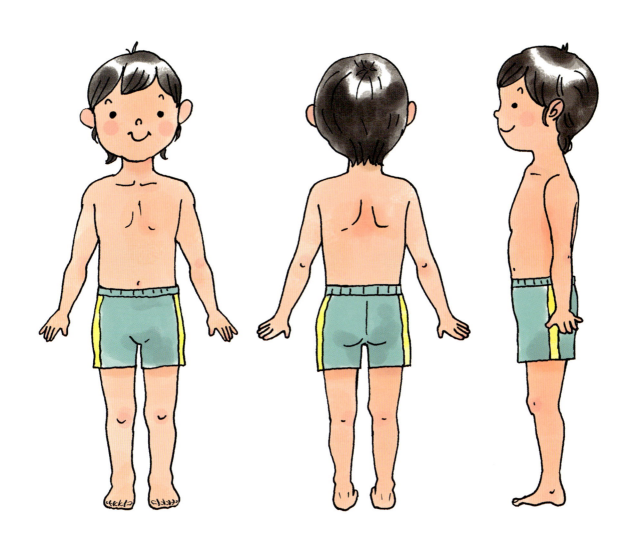

- **導入・指示の言葉掛け** （絵の体の部分を指さしながら）ここは何て言うでしょう？

  ＊指さしながら体のいろいろな部分の名前を言いましょう。いくつ言えるかな。

- **その他の工夫** 顎(あご)はどこでしょう？ 眉毛(まゆげ)はどこでしょう？ などと聞いてから、その部分を指さしていきましょう。

- **子どもが楽しくなる工夫** 体の部分が出てくる手遊び（『あたまかたひざポン』ほか）などをして、関心を持たせましょう。

69B レッスン11 身体図式 （身体の概念理解と確認）

からだの　ぶぶんの　なまえ⑵

作業 指さし

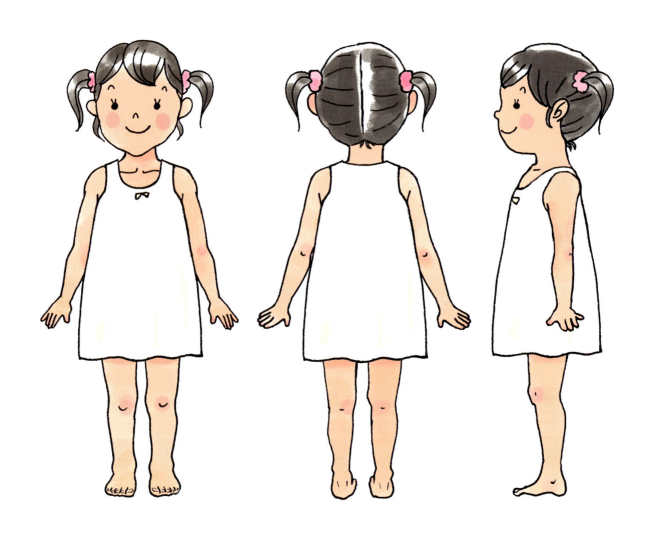

- ●**導入・指示の言葉掛け**　（絵の体の部分を指さしながら）ここは何て言うでしょう？

  ＊指さしながら体のいろいろな部分の名前を言いましょう。いくつ言えるかな。

- ●**その他の工夫**　肩はどこでしょう？　膝はどこでしょう？　などと聞いてから、その部分を指さしていきましょう。

- ●**子どもが楽しくなる工夫**　体の部分が出てくる手遊び（『あたまかたひざポン』ほか）などをして、関心を持たせましょう。

70A レッスン11 身体図式 （身体の概念理解と確認）

おとこのこの きがえ <カラーペン>

作業 ▶ 線でつなぐ

- ●**導入・指示の言葉掛け** この男の子はどんな服を着ているのかな？ ファッションチェックをしてみましょう。

  ＊男の子が着替えます。周りの服はどこに着せればよいかを考えて、体の部分と線でつなぎましょう。

- ●**その他の工夫** 下着、シャツ、セーターと、着る順番につないでみましょう。

- ●**子どもが楽しくなる工夫** 体の部分が出てくる手遊び（『あたまかたひざポン』 ほか）などをして、関心を持たせましょう。

70B レッスン11 身体図式 （身体の概念理解と確認）

おんなのこの きがえ カラーペン

作業 線でつなぐ

- ●**導入・指示の言葉掛け**　この女の子はどんな服を着ているのかな？　ファッションチェックをしてみましょう。

    ＊女の子が着替えます。周りの服はどこに着せればよいかを考えて、体の部分と線でつなぎましょう。

- ●**その他の工夫**　シャツ、スカート、セーターと、着る順番につないでみましょう。

- ●**子どもが楽しくなる工夫**　体の部分が出てくる手遊び（『あたまかたひざポン』ほか）などをして、関心を持たせましょう。

71 レッスン11 身体図式 （身体の概念理解と確認）

からだの ぶぶんを かこう カラーペン

作業 描く、塗る

- ●**導入・指示の言葉掛け**　大変！　クマさんが所々透明になってしまったよ。クマさんを元に戻してあげましょう。

　＊クマさんの体の足りない部分を描きましょう。

- ●**その他の工夫**　足りない所が描けたら、好きな色を塗りましょう。

- ●**子どもが楽しくなる工夫**　体の部分が出てくる手遊び（『あたまかたひざポン』 ほか）などをして、関心を持たせましょう。

72A レッスン11 身体図式 （身体の概念理解と確認）

かおの　ぶぶんを　かこう(1) 色鉛筆

作業 ▶ 描く、塗る

- ●導入・指示の言葉掛け　○○ちゃんがお友達の絵を描いていると、お母さんが「おやつよー!!」と○○ちゃんを呼びました。○○ちゃんの代わりに絵を描いてあげましょう。

　＊顔の中の足りない部分を描きましょう。

- ●その他の工夫　足りない所が描けたら、好きな色を塗りましょう。

- ●子どもが楽しくなる工夫　体の部分が出てくる手遊び（『あたまかたひざポン』 ほか）などをして、関心を持たせましょう。

レッスン11 身体図式 (身体の概念理解と確認)

かおの　ぶぶんを　かこう(2) 色鉛筆

作業　描く、塗る

- **導入・指示の言葉掛け**　○○ちゃんがお友達の絵を描いていると、お母さんが「おやつよー!!」と○○ちゃんを呼びました。○○ちゃんの代わりに絵を描いてあげましょう。

　＊顔の中の足りない部分を描きましょう。(72Aよりも、足りない部分が増えました)

- **その他の工夫**　足りない所が描けたら、好きな色を塗りましょう。

- **子どもが楽しくなる工夫**　体の部分が出てくる手遊び(『あたまかたひざポン』　ほか)などをして、関心を持たせましょう。

73A レッスン11 身体図式 （身体の概念理解と確認）

みぎて　ひだりて(1) クレヨン カラーペン

作業 指さし、線で囲む、塗る

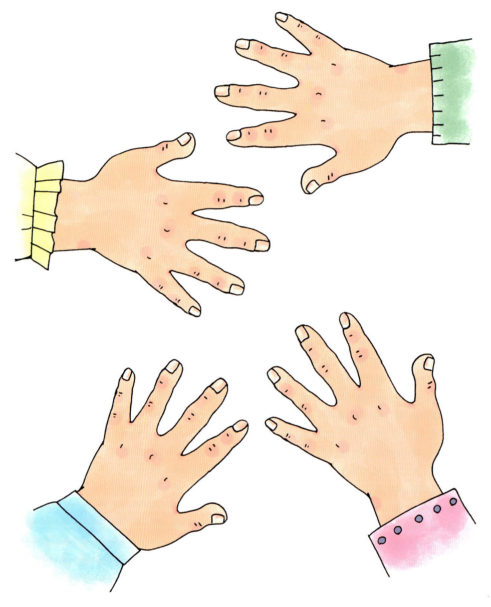

- ●**導入・指示の言葉掛け**　手のひらを下にして、自分の手をよく見てね。右手と左手の形を覚えたら、この絵を見ましょう。

　　＊右手はどれかな？　指さして、赤色で囲みましょう。
　　＊左手はどれかな？　指さして、青色で囲みましょう。
　　＊左手の親指はどれかな？　指さしましょう。
　　＊右手の薬指はどれかな？　指さしましょう。

- ●**その他の工夫**　○○ちゃんは、右手の人差し指をけがしました。好きな色でお薬を付けてあげましょう。

- ●**子どもが楽しくなる工夫**　手指を使う手遊び（『おはなし　ゆびさん』ほか）などをして、関心を持たせましょう。

73B レッスン11 身体図式 (身体の概念理解と確認)

みぎて　ひだりて(2)

作業 線で囲む、塗る

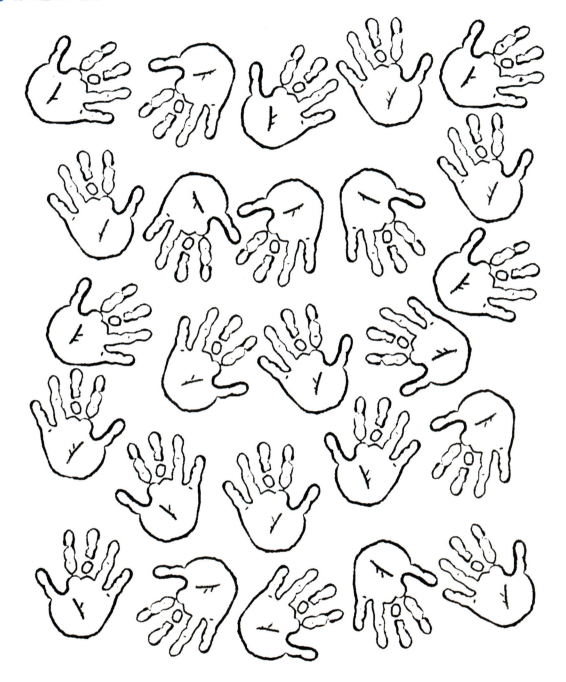

- ●**導入・指示の言葉掛け**　手のひらを上にして、自分の手をよく見てね。右手と左手の形を覚えたら、この絵を見ましょう。

  ＊右手の絵を全て選んで好きな色で囲みましょう。
  ＊左手の絵を全て選んで好きな色で囲みましょう。

- ●**その他の工夫**　左手と右手の絵を塗りましょう。

- ●**子どもが楽しくなる工夫**　手指を使う手遊び(『おはなし　ゆびさん』ほか)などをして、関心を持たせましょう。

74A レッスン11 身体図式 （身体の概念理解と確認）

みぎて　ひだりて(3) カラーペン

作業 線で囲む、指さし

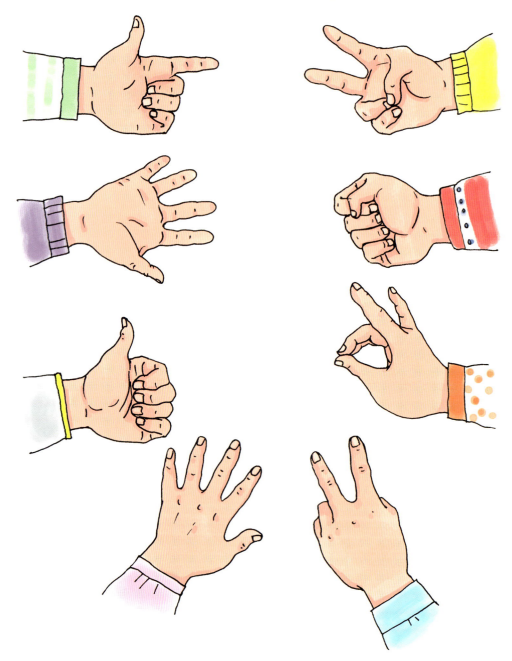

- ●**導入・指示の言葉掛け**　（指さしながら）グー、チョキ、パー、キツネ……。絵と同じ形を表現してみましょう。右手はどれか、分かるかな？

  ＊右手はどれかな？　右手の絵を選んで赤色で囲みましょう。
  ＊左手はどれかな？　左手の絵を選んで青色で囲みましょう。

- ●**その他の工夫**　（指さしながら）これは何かな？　じゃあこれは？　と、子どもに答えてもらいましょう。

- ●**子どもが楽しくなる工夫**　手指を使う手遊び（『おはなし　ゆびさん』ほか）などをして、関心を持たせましょう。

74B レッスン11 身体図式（身体の概念理解と確認）

みぎあし　ひだりあし　カラーペン

作業 線で囲む

- **導入・指示の言葉掛け**　自分の足の裏って、見たことある？　はだしになって、どんな形か見てみよう。最初に実際に足形を取って確かめてみましょう。

　＊右足の足形はどれかな？　指さして、緑色で囲みましょう。
　＊左足の足形はどれかな？　指さして、ピンク色で囲みましょう。

- **その他の工夫**　足形にはだしでのってみましょう。

- **子どもが楽しくなる工夫**　はだしになって、左右交互に足踏みして遊ぶなどして、関心を持たせましょう。

74c レッスン11 身体図式 （身体の概念理解と確認）

みぎて　ひだりて　みぎあし　ひだりあし

作業 指さし

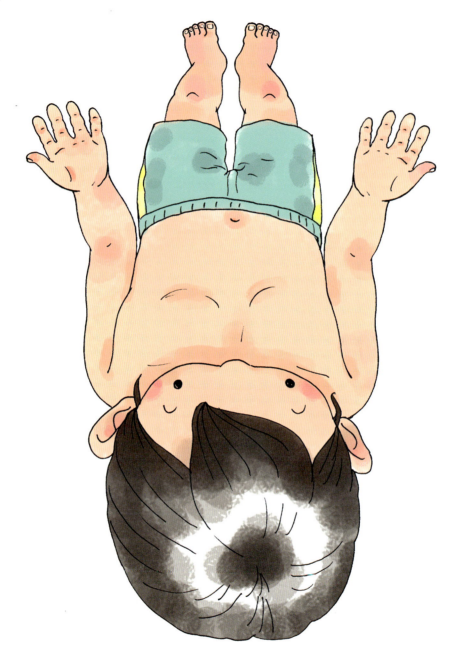

- ●**導入・指示の言葉掛け**　上から体を見た絵です。同じポーズをしてみましょう。自分の右手は分かるよね。じゃあ、この絵の右手はどれかな？

    ＊右手はどれですか？　指さしましょう。　　＊左手はどれですか？　指さしましょう。
    ＊右足はどれですか？　指さしましょう。　　＊左足はどれですか？　指さしましょう。

- ●**その他の工夫**　絵をひっくり返してやりましょう。友達と二人で向かい合って、絵のポーズをしてもいいです。

- ●**子どもが楽しくなる工夫**　「右手上げて、左手下げて……右手下げないで、左手上げて……」などとゲーム的に遊ぶ中で、関心を持たせましょう。